Helsinki

Uitgeverij ANWB

Inhoud

Het belangrijkste eerst

De essentie van de stad
Stel je voor dat je niet langer dan twee uur in Helsinki bent en dat je toch zo veel mogelijk van het leven in de stad wilt ervaren. Dan maak je gewoon een rondje vanaf het Marktplein langs de Esplanade, de Mannerheimintie en de Aleksanterinkatu. Wat je hier ziet en tegenkomt is de essentie van Helsinki.

Het mooiste uitzicht over de stad
Op het dakterras van de Ateljee Bar in Hotel Torni ligt bijna heel Helsinki aan je voeten. Je hebt een fantastisch uitzicht op de Töölöbaai, de Dom en de eilandjes voor de kust, geweldig bij zonsondergang. En niet vergeten: kijk ook op de stille plekjes!

Op naar de markt!
Een bezoek aan de markt zegt vaak het een en ander over een stad, de markten van Helsinki zeggen zelfs heel veel. Op de markten en vooral in de oude markthallen, vier in getal, is de kans groot dat je een fan van de stad en zijn inwoners wordt.

In Helsinki kan het warm worden
Op zoek naar de ultieme hotspot? Dan kun je uitstekend terecht in de sauna. Elk hotel heeft er wel een, en verder zijn er zowel prachtige sauna's in oude stijl als hypermoderne varianten als het designsaunacomplex Hernesaaren Löyly. Zelfs talloze cafés (!) bieden het gebruik van een sauna, en als klap op de vuurpijl kun je plaatsnemen in een saunacabine van het reuzenrad SkyWheel – voor Finland heel normaal…

Helsinki alternatief
In een land waar men wereldkampioenschappen mobieltje werpen, luchtgitaar spelen en vrouwen dragen organiseert, moet het wemelen van de rare snuiters. Kaurismäki-films en Paasilinna-verhalen geven er een indruk van, in het stadsbeeld van Helsinki zie je ze overal. Voor een kennismaking met deze kant van Helsinki is restaurant Zetor (► blz. 106) heel geschikt.

Partytime!
Zin in een romantische avondwandeling laat op de vrijdagavond? Vergeet het maar! De stad zit dan tjokvol Finnen die gaan stappen. Er komt aardig wat alcohol bij kijken en het geluidsniveau stijgt aanzienlijk. In hotels naast een uitgaanstent zijn oordopjes geen overbodige luxe. Of doe gewoon mee.

!

Helsinki voor wie niet altijd wil lopen
Wandel je niet graag? Of heb je een hekel aan langdurige ritten in een sightseeingbus? Dan zijn de groene wagons van de Helsinkitram misschien net iets voor jou. Je kunt gewoon instappen op lijn 2 of 3, die in een grote acht langs de belangrijkst bezienswaardigheden rijden. Een heel rondje duurt ongeveer een uur. Met een dagkaart krijg je op deze manier een perfect overzicht, beleef je wat lokale sfeer en kun je overal uitstappen waar je maar wilt.

Het ruimtegevoel van Helsinki
Dat Helsinki staat voor moderne, maar tevens menselijke architectuur, is misschien algemeen bekend. Maar een bezichtiging van de buitenkant is niet genoeg. Beleef de geheimen van de nieuwe Finse bouwkunst, met bijvoorbeeld de ervaring van de ruimte in de Stiltekapel (► blz. 41).

Moeminsouvenirs
Hij is wit en hij lijkt een beetje op een nijlpaard. De kleine Moemintrol uit verhalen en stripboeken heeft zich ontpopt tot een internationaal cultfiguurtje en duikt inmiddels overal in Helsinki op, in het bijzonder bij de souvenirs, zoals de bekers van de officiële producent Arabia.

Ulrich Quack kun je midden in de drukte van de grote stad tegenkomen, waar hij honderduit vertelt over de Dom. Judith Rixen jogt in weer en wind langs de prachtige oever van Hietaniemi en probeert het Fins onder de knie te krijgen.

Vragen? Ideeën?

Laat het me weten! Mijn adres bij de ANWB:

@ *anwbmedia@anwb.nl*

Dit is Helsinki

'Dochter van de Oostzee' wordt Helsinki vaak genoemd en een beter symbool dan het bronzen beeld Havis Amanda tussen de Esplanade en het Marktplein is nauwelijks denkbaar voor de noordelijke metropool: de intrigerende, maar ook wat koele dame ontstijgt de zee, maar kan haar blik ook niet van het water afwenden. Helsinki dankt zijn ontstaan aan de handel over zee, en is nu nog steeds helemaal op de Oostzee gericht. De grens tussen zee en stad verloopt geleidelijk, met honderden eilandjes voor de kust als uitlopers van het land, terwijl de Oostzee met tal van baaien uitlopers tot diep landinwaarts heeft. Zo zijn ook de kleuren van de national vlag niet helemaal toevallig: ze herinneren aan de noordelijke blauwe hemel met witte schapenwolken, de witte Dom boven het donkerblauwe water van de haven, of aan een mooie winterdag met sneeuw onder een strakblauwe hemel.

Kindertijd en jeugd van een stad

Helsinki is een jonge vrouw, die nog maar net volwassen en zelfstandig geworden is. Toen de stad in 1550 door de Zweedse koning Gustav Vasa werd gesticht als 'Helsingfors', bestonden Kopenhagen, Stockholm en Oslo allang. In die tijd was de stad dus niet Fins, en ook geen hoofdstad: meer dan 600 jaar maakte Finland deel uit van het Zweedse koninkrijk. Nadat het Zweedse leger op Sveaborg (nu Suomenlinna) zich in 1809 had overgegeven aan de Russen, kwam de provincie Finland onder de vleugels van Rusland. De Russen lieten de Finnen veel meer de vrije hand dan de Zweden hadden gedaan – de Russische herschappij betekende voor het groothertogdom eerst vergaande autonomie en maakte het mogelijk dat de Finse cultuur zich emancipeerde van Zweden. Nadat Helsinki in 1812 de functie van het dicht bij Zweden gelegen Turku/Åbo als Finse hoofdstad had overgenomen, nam de stad ook in maatschappelijk en cultureel opzicht het voortouw. Na de Oktoberrevolutie van 1917 ontworstelde Finland zich als onafhankelijke republiek aan de greep van Rusland. Lange tijd bleef het land door zijn ligging tussen Oost en West intern verscheurd (zo behoort Finland strikt genomen vanwege zijn taalkundige en culturele wortels niet tot Scandinavië), maar nu zoekt Helsinki steeds nauwere aansluiting bij de buurlanden in het noorden en in het midden van Europa. Een belangrijke stap was de toetreding tot de EU in 1995.

Noordelijke schoonheid

Het jeugdige karakter van Helsinki speelt ook mee in het huidige stadsbeeld, dat een resultaat is van de wederopbouw na een grote brand in 1808-1809. Een romaanse kerk of een middeleeuws kasteel zul je hier vergeefs zoeken. De lichte gebouwen van het neoclassicistische centrum (naar het ontwerp van Johan Albrecht Ehrenström en Carl Ludwig Engel) worden afgewisseld met de grilligere vormen van de jugendstil en de nationale romantiek naast het sobere functionalisme en modernisme uit de jaren 30 van de hand van de grote meester Alvar Aalto. Daarnaast

In de lichte nachten toont Helsinki een ander gezicht: in het blauwe uur straalt het Senaatsplein een bijzondere sfeer uit.

is het duidelijk te merken dat de stad zich nog verder wil ontplooien: Helsinki groeit uit over de voorstadjes heen, waardoor de grenzen met de naburige steden Espoo en Vantaa nu nauwelijks meer te zien zijn. Een lichte 'facelift' heeft de jonge stad dan nog wel gekregen en bewaard: in 1952 werden in het kader van de Olympische Spelen nieuwe stadions, hotels en infrastructuur aangelegd, en op voormalige industrieterreinen worden nu aantrekkelijke omgevingen voor wonen en recreatie gecreeerd. In 2000 kreeg het mooie Helsinki erkenning met de verkiezing tot Europese culturele hoofdstad, en in 2012 werd de stad uitgeroepen tot designhoofdstad van Europa.

Een stad met vele gezichten

De jeugdige stad bekoort door al zijn contrasten: nu eens koel en duister, dan warm en meeslepend, of grillig en wat vreemd. Daarbij speelt niet alleen de belangrijke positie tussen Oost en West een rol, die in cultuur, architectuur en keuken merkbaar is, maar ook de seizoenen zijn een factor: in de zomernachten kent de stad een onwerkelijke sfeer, waarbij de silhouetten zich rond middernacht tegen schemerlicht aftekenen. Zo licht als de zomer is, zo donker is de winter in Helsinki – maar ook dan met een weergaloze sfeer, zoals op de fel verlichte kerstmarkt! De langzame Finse tango is hier evenzeer geliefd als heavy metal. Als een moderne, dynamische groeistad met het karakter van een metropool blijft de Finse hoofdstad toch steeds overzichtelijk. Met de grote winkelcentra en hippe winkeltjes is Helsinki zeer aantrekkelijk voor wie graag winkelt; de talloze groenstroken en de sfeer van een op zee georiënteerde stad zijn juist aantrekkelijk voor natuurvrienden. En als je bij zonsondergang op een van de karakteristieke granietrotsen met uitzicht over zee zit, bekruipt je onweerstaanbaar het gevoel: zoals Helsinki is er geen!

Helsinki in cijfers

1

liter koffie per dag per persoon – daarmee hebben de Finnen het hoogste gemiddelde koffiegebruik van de wereld.

2

procent van de Helsinkiërs is Russisch-orthodox.

3

koffiepauzes per dag is de standaard voor Helsinkiërs.

5,7

procent van de inwoners van Helsinki spreekt Zweeds, tegen 5,3 procent landelijk.

procent van de oppervlakte van Helsinki bestaat uit parken en groenstroken.

26,5

procent van alle Finnen woont in Helsinki en nabije omgeving.

96

smartphones zijn er in gebruik per 100 Helsinkiërs.

108

jaar lang was Finland een autonoom Russisch grootvorstendom (1809-1917).

123

kilometer lang is de kustlijn binnen de stadsgrenzen.

140

nationaliteiten leven in Helsinki.

200

kilometer aan loipes staan langlaufers in de winter ter beschikking.

315

eilanden liggen in Helsinki.

400

beelden, kunstwerken en monumenten staan verspreid door de hele stad.

jaar behoorde Finland tot het koninkrijk Zweden.

719

vierkante kilometer is de totale oppervlakte van de stad, tegenover bijvoorbeeld 219 km² voor Amsterdam of 204 km² voor Antwerpen.

restaurants zijn te vinden in de stad – misschien nog wel een paar meer.

1200

kilometer lang zijn de fietspaden bij elkaar in Helsinki.

24

stranden nodigen in de zomer uit tot zwemmen en ontspannen zonnen.

Wat is waar?

Helsinki is een bouwwerk van land en zee, omringd door een krans van eilanden. Met zijn neoclassicistisch centrum maakt Helsinki een compacte indruk. De meeste grote bezienswaardigheden zijn vanaf het centrale Senaatsplein heel goed lopend te bereiken. Maar Helsinki is groter dan het lijkt! Dat betekent dat talloze wijken en buurten die een geheel eigen karakter hebben, tamelijk ver van het centrum liggen.

Historisch centrum

Het **Senaatsplein** (🗺 H 5) is met de Dom het fraaie symbool van Helsinki. Dit meesterwerk van architectuur van de hand van C.L. Engel geldt terecht als een toonbeeld van neoclassicistische stadsplanning en is zowel Helsinki's historische middelpunt als dat van het stadsleven. Ook het **Marktplein** (🗺 H 5) en de **Esplanade** (🗺 G-H 5) maken deel uit van het historische centrum. De 'buik' van de hoofdstad en de mooiste wandelstraat bieden met paviljoens, mondaine hotels, fonteinen, beelden, winkelgalerijen, warenhuizen en caféterrassen eigenlijk een soort Parijse sfeer.

Stationswijk

Boven de grond een **kopstation** (🗺 G 4-5), een van de mooiste van Europa, en onder de grond een labyrint van voetgangerspassages – in de stationswijk vind je een levendige stadssfeer met veel drukte, hotels, cafés en winkelmogelijkheden en verder veel rustig gelegen groen en cultuur.

Mannerheimintie en Kamppi

De grote **Mannerheimintie** (🗺 F-G 4-5) is de belangrijkste verkeersader van de binnenstad, met aan weerszijden grote bezienswaardigheden als het Parlement, het Nationaal Museum en het museum Kiasma, en verder bioscopen, warenhuizen, restaurants en hotels. Ten westen van deze straat ligt het **Kamppicomplex** (🗺 F 5) met de gelijknamige wijk, musea en uitgestrekte parken.

Designdistrict

De grenslijn met het zogeheten Designdistrict wordt gevormd door de **Bulevardi** (🗺 F-G 5-6) – vanaf deze straat strekt zich de wijk naar het noorden uit die nu het middelpunt van een jong creatief wereldje is, met trendy cafés, bars, clubs en internationale restaurants. De Iso Roobertinkatu, kortweg Isoroba, is de beste plek voor wie tot in de ochtend wil doorgaan met dansen en partyen.

Katajanokka

Op het schiereiland Katajanokka voel je de nabijheid van Rusland. Hier vind je de grootste **Russisch-orthodoxe kerk** (🗺 H 5) van Noord-Europa, en verder talloze gebouwen uit de tsarentijd en Russische fijnproeversrestaurants. Bovendien: veel jugendstil, een imposante ijsbrekersvloot en ook nog een rustige woonwijk.

Kallio

Het stadsdeel **Kallio** (🗺 G-J 2-4) was vroeger een arme arbeiderswijk. Tegenwoordig wordt de wijk steeds meer het domein van studenten, creatievelingen en start-ups, en wordt het geleidelijk een hippe buurt.

Töölöbaai

De **Töölöbaai** (🗺 F-G 2-4) stond al in de stadsplannen van de jaren 30 op papier als 'nieuw centrum'. Nabij het water zijn nu de Finlandiahal, het muziekhuis, de Nationale Opera en het Stadstheater centra van cultureel leven. Ten noorden van de baai vind je het **Olympiastadion** (🕮 F 2) en het recreatiepark Linnanmäki (🕮 G 2).

Kaivopuisto en Eira

Het grote park **Kaivopuisto** (🕮 H-J 6-7) met de ambassadewijk en de jugendstilwijk **Eira** (🕮 G 7) liggen aan de zuidrand van een heuvelachtig schiereiland. Diverse etablissementen, een kustpromenade en prachtige uitkijkpunten versterken het aantrekkelijke karakter van deze omgeving. De zuidpunt **Hernesaari** (🕮 F 7-8) maakt oude industrieterreinen vrij voor onder andere een designsauna en een partystrand.

Hietaniemi

De wijk Hietaniemi verenigt diverse contrasten: eeuwige rust op de grootste **begraafplaats** (🕮 D-E 4-5) van de stad en levendige waterpret aan het populairste **zandstrand** (🕮 D 4), befaamde architectuur van de **Rotskerk** (🕮 F 4) en onopvallende woonwijken, stedelijke bebouwing en groenstroken als het **Sibeliuspark** (🕮 E 3) met het gelijknamige beroemde monument.

Ruoholahti

Ruoholahti (🕮 D-E 5-6) is een van de stadsdelen die typerend zijn voor de structurele verandering van de hoofdstad: voormalige werven en fabrieken bieden nu plaats aan culturele centra, musea en kleine bedrijfjes. Voor de inrichting konden moderne architecten zich uitleven. Interessant voor de liefhebber.

Seurasaari

Het eiland **Seurasaari** (🕮 B-C 2-4), dat door een brug met de rest van de stad verbonden is, vertegenwoordigt met zijn openluchtmuseum het landelijke Finland. Bovendien is het met zwem- en wandelmogelijkheden een uitwijkplaats voor gestreste stadsbewoners.

Suomenlinna

De miniarchipel **Suomenlinna** (🕮 kaart 3) staat op de UNESCO Werelderfgoedlijst als voormalige zeevesting. Naast de geschiedenis zijn de eilandjes in de zomer aantrekkelijk voor wandelaars en zwemliefhebbers. Ze zijn trouwens ook uitstekend geschikt om heerlijk te picknicken.

Kodakmoment

Dicht aan het water

Niet alleen de geschiedenis, maar ook het levensgevoel in Helsinki staat in het teken van de relatie tussen land en zee. De veelheid aan baaien, eilanden, rotseilandjes, havens en stranden is uniek en kenmerkend voor de Finse hoofdstad. Vanaf alle locaties in de binnenstad heb je ergens wel uitzicht op de zee. Dikwijls lijkt het alsof de reusachtige veerboten uit Stockholm of Tallinn rechtstreeks de straten van het stadscentrum willen binnenvaren.

Heel veel groen

Meer dan een derde van de stad bestaat uit parken, die als groene longen Helsinki van frisse lucht voorzien. Overal kan om de hoek een onopvallende rozentuin of een rotsachtig park uitnodigen tot een wandeling. Op warme zomerdagen zijn de parken en plantsoenen een geliefd trefpunt om te picknicken en te ontspannen. Veruit de populairste attractie is het Sibeliuspark met zijn orgelachtige monument – de ideale plek voor een selfie met de componist.

Zweten met zeezicht

Sauna – dat is zo ongeveer het enige Finse woord dat internationaal is doorgebroken: de sauna hoort bij de Finse cultuur als het water bij de zee. De Finnen zitten naakt in de sauna, maar mannen en vrouwen apart van elkaar, en zo nu en dan geselen ze zich met een bundel berkentakjes. Een saunabezoek kan – met afkoelen in water of een gat in een ijslaag – wel enkele uren bestrijken. Voor contact met Finnen is dit een goede plek: ook de zwijgzamen ontdooien hier.

Het kompas van Helsinki

#2

De buik van de stad – **het Marktplein**

#3

Zien en gezien worden – **de Esplanade**

Visrijk, kleurrijk + echt Fins

OM TE SLENTEREN EN TE FLANEREN

#1

Finlands pronkjuweel – **het Senaatsplein**

VISITEKAARTJE IN HET WIT

WAAR BEGIN IK?

1 2 3

15 14 13 12

Picknick op een vestingeiland

#15

Vestingen op eilanden voor de stad – **Suomenlinna**

POORT NAAR EEN ANDERE WERELD

#14

Finlands behouden ziel – **Seurasaari**

HOE INDUSTRIE TOT CULTUUR WORDT

MUZIEK, MUSEA EN NOG VEEL MEER ...

#13

Grote vernieuwing – **in Länsisatama**

#12

Een tempel in de rots – **rond Hietaniemi**

#4
Een spoorwegstation als middelpunt – **Rautatieasema**

#5
Hartslag van de stad – **Mannerheimintie**

#6
Onder de grond en hoog erboven – **in Kamppi**

#7
Voor bijzonder mooie dingen – **het designdistrict**

#8
Rusland dichtbij – **het Katajanokka-schiereiland**

#9
Oud en nieuw – **tussen de noord-oever en Kallio**

#10
Wit steen en blauw water – **langs de Töölöbaai**

#11
Strand, jugendstil en panorama – **Kaivopuisto en Eira**

1

Finlands pronkjuweel – **het Senaatsplein**

Classicistisch, elegant, schitterend: het Senaatsplein (Senaatintori) van Helsinki is het chique visitekaartje van Finland – en nog veel meer. Openluchtpodium en vaste plek voor demonstraties, een pronkjuweel en een populair trefpunt, het natuurlijke middelpunt van de hoofdstad en tevens de grootste bezienswaardigheid.

Alle Helsinkiërs aan één tafel – dat gebeurt op Helsinki Day. Bij het picknick-diner in de openlucht, hier voor de Dom, leggen de stadsbewoners nieuwe contacten en onderhouden oude!

Het Senaatsplein met de erachter liggende wijk Kruununhaka geldt als het eigenlijke centrum van Helsinki. Na de verwoestende brand van 1808 begon hier de wederopbouw van de nieuwe stad.

Dynamisch middelpunt

Het Senaatsplein met omgeving moest het hart van het nieuwe Helsinki vormen, met alle belangrijke instellingen dicht bij elkaar. Zo ontstond

een neoclassicistisch ensemble van harmonieuze gebouwen in lichte tinten, met een zuivere, gesloten architectuur zoals maar weinig voorkomt in de wereld – een verkleind St.-Petersburg dat nu nog steeds intact is. In de kersttijd staat hier de grootste kerstboom van het land, en op oudejaarsavond komt men vanouds bijeen rond het Alexanderbeeld om het nieuwe jaar in te luiden; ook worden hier speciale concerten gehouden voor een publiek van wel 60.000 man.

Bij Alex en de dames

De smalle straten die van de haven omhoog naar het Senaatsplein voeren, bieden hier en daar slechts zicht op een klein deel van de Dom. De imponerende uitstraling van het plein ervaar je pas als je de zuidzijde van de Aleksanterinkatu bereikt. De flankerende gebouwen zijn in 2017 voor het honderdjarig jubileum van Finland gerenoveerd en heropend als **Torikorttelit** 1. In de historische gebouwen in neoclassicistische stijl en Finse empirestijl, die exotische dierennamen dragen, is nu een levendige mix van restaurants, boetieks en culturele instellingen gehuisvest: zeer interessant om te bezoeken zijn het gemoderniseerde **Stadsmuseum** 1 en de tentoonstelling voor kinderen in het grijze Sederholmhuis, dat met zijn bouwjaar van 1757 het oudste bewaard gebleven huis van steen in Helsinki is.

Dan eindelijk ontvouwt zich de harmonieuze schoonheid van het **Senaatsplein** 2. De naam verwijst weliswaar naar een Fins overheidsorgaan, maar herinnert nog veel meer aan de tsaar onder wie een groot aantal hervormingen tot stand werd gebracht: **Alexander II** wordt nu nog steeds geëerd met een bronzen **standbeeld** midden op het Senaatsplein, dat werd voltooid in 1894. De vrouwen die de tsaar omringen, zijn de allegorische figuren Wet, Vrede, Licht en Arbeid.

Welkom in het symbool van Helsinki

Langs de hele noordzijde van het plein loopt een enorm brede trap van graniet, die op zonnige dagen wordt gebruikt als een levendig trefpunt. Daarachter verheft zich boven het plein de in 1852 voltooide lutherse **Dom** 3 (Tuomiokirkko): dit is zonder meer het meest gefotografeerde bouwwerk van het land. Door zijn omvang en

Al het goede komt van boven denkt Alexander II dan maar. In Finland staat hij bekend als de 'goede tsaar'. Het beeld is gemaakt door Walter Runeberg, de zoon van de nationale dichter.

O OVERIGENS

De Dom van Helsinki is vanaf 1832 gebouwd naar het ontwerp van de Duitse architect **Carl Ludwig Engel**. Hij werd in 1778 in Berlijn geboren, maar vond daar later geen werk als gevolg van de bezetting door Napoleon. Hij zocht daarom zijn geluk in Russische dienst. Vanaf 1824 droeg hij zorg voor het beheer van alle openbare gebouwen in het grootvorstendom Finland. Zo kon hij met zijn classicistische ontwerpen bepalend zijn voor de grote wederopbouw van Helsinki. Veel ontwerpen zijn pas na zijn dood in 1840 verwezenlijkt.

INFO EN OPENINGSTIJDEN

Torikorttelit 🛍: tussen het Senaatsplein en het Marktplein, www.ztorikorttelit.fi, alle winkels en cafés hebben eigen openingstijden.

Stadsmuseum 1: Alexanderinkatu 16, www.helsinginkaupunginmuseo.fi, ma.-vr. 11-19, za.-zo. 11-17 uur, gratis

Dom 3: Unioninkatu 29, dag. 9-18, juni-aug. tot 24 uur, gratis

Nationale Bibliotheek 5: Unioninkatu 36, wisselende openingstijden maar meestal ma.-vr. 9-18, soms ook za. 9-16 uur

Heilige Drie-eenheidkerk 7: Unioninkatu 31, geopend tijdens kerkdiensten za. 18, zo. 10 uur

ETEN EN DRINKEN

Onder indrukwekkende gewelven zit je onder de Dom in **Café Krypta** 1. Het aanbod is bescheiden, maar niet duur. Het café biedt bovendien wisselende kunstexposities (Kirkkokatu 18, juni-aug. ma.-za. 11-17, zo. 12-17 uur).

Café Balder 2: Aleksanterinkatu 12 (3e verdieping), www.balder.fi, ma.-vr. 7.30-15 uur

De grote ramen van **Café Engel** 3 (Aleksanterinkatu 26, www.cafeengel.fi, ma.-vr. 8-21, za. 9-21, zo. 10-19 uur) bieden een adembenemend uitzicht op de Dom en het Senaatsplein. De heerlijkheden bij de koffie zijn hun geld zeker waard, en dat geldt ook voor het lekkere ontbijt en de smakelijke maaltijden. In de zomer openluchtbioscoop op de binnenplaats (► blz. 109).

Aangenaam vertoeven is het ook ernaast in **Café Köket** 4 in het historische Kiseleffhuis (Aleksanterinkatu 28, www.cafekoket.fi, ma.-vr. 8-18, za.-zo. 10-17 uur). In de hoge zaal kun je genieten van ontbijt, lunch of brunchbuffet in een moderne ambiance.

Uitneembare kaart: H 4-5 | **Tram** 2, 4, 5, 7, **Metro** Helsingin Yliopisto

Dom

zijn ligging op een verhoogde ondergrond domineert het gebouw het stadsbeeld van Helsinki en is het al van ver zichtbaar voor wie met een veerboot aankomt. Het interieur is verrassend genoeg uitermate sober. Vanaf het Domterras heb je een prachtig uitzicht over het Senaatsplein. In de crypte worden concerten en kunstexposities gehouden. Je kunt hier ook even bijkomen met een kopje koffie in **Café Krypta** 1.

Harmonieuze buurten

De dominerende uitstraling van de witte Dom wordt nog versterkt door de gele neoclassicistische gebouwen die links en rechts aan het plein staan. Aan de westkant staat het hoofdgebouw

Bijna als een sprookjes-kasteel troont de Dom, vanf de haven gezien, boven de stad.

van de in 1832 opgerichte **Universiteit** 4 (Ylio-pisto), ernaast staat aan de noordzijde de **Nationale Bibliotheek** 5 (Kansalliskirjasto) met zijn afgevlakte koepel. Beide gebouwen zijn voor het publiek toegankelijk; erg mooi is vooral de leeszaal van de Bibliotheek. Aan de oostkant van het Senaatsplein vindt het universiteitsgebouw een tegenhanger in het **Regeringspaleis** 6 (Valtioneuvoston linna), waar nu de Finse minister-president zijn kantoor heeft.

OM DE HOEK

Bij een wandeling door de wijk **Kruununhaka** ten noorden van het Senaatsplein zie je in de straten Kirkkokatu, Snellmaninkatu, Rauhankatu en Unioninkatu prachtige woonhuizen, universiteitsgebouwen, banken, plantsoenen, restaurants, buurtwinkeltjes en antiekzaken. Een van de mooiste bouwwerken is de kleine **Heilige Drie-eenheidkerk** 7 (Pyhän Kolminaisuuden kirkko), die achter de Dom in een park verscholen ligt. Dit godshuis uit 1827 is de oudste bewaard gebleven orthodoxe kerk in Finland. Iets verderop is in de **Bank van Finland** 8 (Suomen Pankki) een klein geldmuseum te vinden. Vóór het gebouw draagt de sokkel van het J.W. Snellmanmonument nog de sporen van het luchtbombardement van 1944. Het mooist is echter hiertegenover het in 1891 in de stijl van een Griekse tempel gebouwde **Statenhuis** 9 (Säätytalo). Op de terugweg kom je langs het **Tol- en Pakhuis** 10 (Tulli- ja pakkahuone), dat na het Sederholmhuis het oudste gebouw van de stad is, met schuin ertegenover het neogotische **Ridderhuis** 11 (Ritarihuone). In de Russische tijd was dit de vergaderplaats van de adel, nu worden er kamerconcerten gegeven.

O OVERIGENS

Het kleine, maar fijne **Café Balder** 2 is vernoemd naar de god van het licht in de noordse mythologie. Mocht je een keer slecht weer hebben in Helsinki, dan kun je hier uitstekend terecht: de zelfgemaakte taart is verrukkelijk. De sfeer wordt nog versterkt door de huisvesting in een gebouw in Franse barokstijl (1814). Ook Balders zaal ernaast, met een inrichting in art-decostijl uit 1931, is bezienswaardig, maar deze is alleen toegankelijk tijdens een concert. Of misschien even vragen?

2

De buik van de stad – **het Marktplein**

Het Marktplein aan de haven, Kauppatori, is de buik van Helsinki en een genot voor alle zintuigen. Of het nu gaat om Oostzeezalm of rendierham, bessen, paddenstoelen, bloemen of souvenirs – in de kleurige kraampjes worden talloze authentieke Finse producten aangeboden. Niet minder indrukwekkend zijn de markthal en de rijen representatieve gebouwen rond het plein.

Het tussen de Oostzee, twee schiereilanden en het stadscentrum gelegen Kauppatori is naast het Senaatintori het belangrijkste plein van de stad. De markt is hier meer dan alleen een markt in eigenlijke zin. Natuurlijk kun je hier terecht voor vlees, vis, groente en fruit, en ook voor souvenirs als rendierhuiden en Laplandse messen. Maar bezoekers komen ook naar dit plein om te zien en

Er heerst altijd een levendige drukte op het Marktplein: hier is veel Fins lekkers te vinden, zoals de 'mustikka' (blauwe bosbessen).

gezien te worden, om een kopje koffie te drinken of een pasteitje te eten. De excursieboten voor een tocht langs de scheren vertrekken vanaf de markt, net als de passagiersveerboten voor eilandvesting Suomenlinna en de waterbussen naar het eilandje Korkeasaari met de dierentuin.

Een steen in de maag

Het midden van het Kauppatori, ofwel de navel van de stad, wordt gemarkeerd door de **Steen van de tsarina** 1 (Keisarinnankivi). Deze obelisk, die overigens het eerste openbare monument in Helsinki was, wordt bekroond door de Russische dubbele adelaar. Hij herinnert aan het bezoek van tsaar Nicolaas I en zijn vrouw Alexandra in 1833. Overal rond de obelisk, maar ook op open boten en in het rood-witte gebouw van baksteen ten zuidwesten van het kleine havenbassin, wordt de grote **markt** gehouden (▶ blz. 100).

Het oude hart van de republiek

Als je vanaf de markt naar het noorden van de stad kijkt, zie je langs het plein een rij representatieve gebouwen in lichte kleuren staan. Zeer opvallend is iets naar rechts het hoge gebouw van het **Presidentieel Paleis** 2 (Presidentin Linna). Het is niet alleen het imposantste gebouw aan het Marktplein, maar vormde ook lange tijd het centrum van de politieke macht in het land. Oorspronkelijk stond hier een in 1818 gebouwde particuliere woning, die vervolgens werd verbouwd tot paleis van de tsaar. Sinds de onafhankelijkheid resideerden behalve Urho Kekkonen alle Finse staatshoofden in het Presidentieel Paleis. Maar sinds 1993 is de presidentszetel op het schiereiland Mäntyniemi het belangrijkste politieke adres van de republiek. Naast het Presidentieel Paleis staat het gebouw van het **Hooggerechtshof** 3 (Korkeimman oikeuden palatsi), met daarnaast dan weer de **Zweedse ambassade** 4 (Ruotsin Suurlähetystö), waarvan de bouwstijl en de zuilenbalustrade enigszins doen denken aan het koninklijk paleis in Stockholm. Vanzelfsprekend wordt de bijzondere betekenis van Zweden voor Finland extra benadrukt door de locatie van de ambassade op deze belangrijke locatie.

De smalle Katarinankatu scheidt de Zweedse ambassade van het **Stadhuis** 5 (Kaupungintalo),

Verse vis: een grote verscheidenheid aan heerlijkheden uit zee wordt al sinds 1743 op de Haringmarkt te koop aangeboden.

H
HARING

De traditionele **Strömlingsmarkt** (Haringmarkt) op de Kauppatori is in oktober een groot evenement van de stedelijke festiviteitenkalender.

INFO EN OPENINGSTIJDEN

Virka: in het **Stadhuis** 5, Sofiankatu 1, www.virka.fi, ma.-vr. 9-19, za.-zo. 10-16 uur, kranten, internet, gratis

Markt 1: ma.-za. 6.30-18, in de zomer ook zo. 10-17 uur, ► ook blz. 100

ETEN EN DRINKEN

Voor lekkere kleine hapjes is de **Oude Markthal** 2 (ma.-za. 8-18, in de zomer ook zo. 10-16 uur) de eerste keus. Als je zin in een uitgebreidere culinaire expeditie hebt gekregen, kun je uitstekend terecht op restaurantboten en langs de kustweg Eteläranta.

Hiertegenover kun je in **Block by Dylan** 1 met uitzicht op de haven in een stijlvolle entourage genieten van een heerlijk ontbijt of lunchbuffet met een goede prijs-kwaliteitverhouding, of van een brunch op za.-zo. (Eteläranta 18, tel. 040 553 30 00, www.dylan.fi/block, ma.-vr. 8-15, za.-zo. 10.30-16 uur).

Uitneembare kaart: H 5 | Tram 1, 2, 4/4 T, 7A/B

dat oorspronkelijk als hotel was bedoeld. Sinds de jaren 30 fungeert het als stadhuis, en nu vind je er ook het stedelijk informatiebureau **Virka**.

Wie is de mooiste van het land?

Achter twee havenbassins met de weinig aantrekkelijke naam 'Cholerabassin' staat iets verderop ten zuidwesten van de eigenlijke markt een kleurige en fraai versierde hal van baksteen. Deze **Oude markthal** 2 (Vanha kauppahalli, ► blz. 100101) uit 1888 is niet de enige of de grootste van de stad, maar is wel de oudste en zonder meer ook de mooiste.

OM DE HOEK

Van mei tot september vertrekt elke dag om 11.30 en 14 uur vanaf de **Oude markthal** de excursieboot MS Doris voor een **scherenrondvaart** rond het vestingeiland Suomenlinna (► blz. 74). Tijdens de tocht van 1,5 uur zie je het labyrintachtige landschap van water en eilandjes, en krijg je een lunchbuffet aan boord. Ook zijn er zonsondergang- en dinerboottochten (Iha-Lines, tel. 09 68 74 50 50, www.ihalines.fi, per persoon € 20, met buffet € 34).

Zien en gezien worden – **de Esplanade**

#3

Een korte wandeling naar het Zweeds Theater en terug voert je van de haven naar de Mannerheimintie. Dat je voor dit korte traject toch algauw ruim een halve dag nodig kunt hebben, heeft te maken met de beroemde Esplanade, die al generaties lang een favoriete locatie om te winkelen is.

Senaatsplein, Marktplein en Esplanade – deze drie markeren de historische driehoek van het neoclassicistische centrum. En van deze drie is de Esplanade de chicste hoek – met een noordelijk deel (Pohjoiesplanadi) en een zuidelijk deel (Eteläesplanadi). Beide straatdelen staan bekend als toplocaties om te winkelen, maar er zijn ook sfeervolle cafés, restaurants, luxehotels met een

Op de Esplanade kun je niet alleen heerlijk flaneren, maar ook lekker ontspannen in de zon – alsof iedereen zich verzamelt voor de nationale dichter Runeberg.

E
EXCLUSIEF

Zin om een keertje exclusief te winkelen? De Esplanade is niet alleen wandelgebied, maar al jarenlang het topadres om te **winkelen**, vooral de Noordelijke Esplanade, Pohjoisesplanadi. Aan het uiteinde vind je het warenhuis Stockmann en de chique Galleria Espland. Deze buurt is het thuis van beroemde Finse mode- en designmerken, zoals Aarikka, Arabia, Artek, Finlayson, Iittala en Marimekko.

De Moeminkopjes van het merk Arabia zijn een populair exportproduct en worden ook door Finnen graag verzameld.

rijke traditie, banken en zakenpanden te vinden. Beide delen van de Esplanade hebben een parkachtige middenstrook waar je vooral 's zomers heerlijk kunt wandelen. Hier kun je je laten fotograferen bij de monumenten van de nationale helden of een plekje zoeken om van een van de vele zomerconcerten te genieten. Drie straten kruisen de Esplanade van noord naar zuid en verdelen de groenstrook zo in drieën. De plaatselijke bevolking noemt ze, naar de belangrijkste attracties, Kappeliesplanadi, Runeberginesplanadi en Teatteriesplanadi.

De vrouw van Helsinki

De charmante, zij het door druk verkeer omstuwde entree tot de Esplanade wordt gemarkeerd door het extatische fonteinbeeld **Havis Amanda** 1. Het voorheen controversiële bronzen beeld van een naakte vrouw werd in Parijs vervaardigd en in 1908 op deze plek opgesteld. Met haar vrouwelijke vormen en een imposante hoogte van 5 m is zij een dame waar je niet omheen kunt.

Hierachter staan twee zowel fraaie als functionele panden: het statige hoekhuis uit 1816 herbergde enige tijd het toeristenbureau. Neem ook een kijkje in de aangrenzende **Jugendsali** 2. Dit door Lars Sonck ontworpen gebouw was bedoeld als bank, maar in het prachtige jugendstilhuis is nu een gezellig café te vinden.

Sfeer van vervlogen tijden

De naamgever en het centrale punt van dit deel van de Esplanade is echter **Kappeli** 1, een klein houten paleis uit 1867 met een door beschuttend glas omgeven veranda, café, restaurant en bar. Het prachtige bouwwerk geldt al generaties lang als een instituut in Helsinki. Nog altijd valt er iets van de sfeer te proeven uit de tijd dat Jean Sibelius hier een vaste gast was, zelfs al heeft het pand nu een modern interieur. Het huis van twee verdiepingen achter Kappeli aan de zuidrand van de Esplanade is het oudste pand in de straat; het werd in 1824 gebouwd en was in de Russische tijd de residentie van de gouverneur-generaal en in de burgeroorlog tussen Mannerheims Witten en de socialistische Roden het hoofdkwartier van de Roden

Helsinki ontwaakt uit de winterslaap: 'Manta' lijkt wel te genieten van al die aandacht.

In het midden van de Esplanade staat het **J.L. Runebergmonument** 3 met het beeld van de Finse nationale dichter (1804-1877) op een hoge sokkel en aan zijn voeten de muze van de dichtkunst. Het beeld is gemaakt door Runebergs zoon Walter. In de nabije omgeving staan langs de Noordelijke Esplanade statige woningen en zakenpanden in neorenaissancestijl.

In deze buurt staat ook een van de eerste hotels van Scandinavië: **Hotel Kämp** 1. De oorsprong ligt bij restaurateur Carl Kämp, die in 1887 een etablissement aan de Esplanade opende dat onder zijn naam al gauw een legende werd als het eerste echte luxehotel van Noord-Europa. Hier verbleven maarschalk Mannerheim, Jean Sibelius en tal van gekroonde staatshoofden, presidenten, beroemde kunstenaars en magnaten. Na een periode van verval heeft het hotel met zijn rijke historie in 1999 weer de deuren geopend en was meteen ook weer het chicste hotel van heel Finland. Alle vertrekken hebben een historische aankleding; bijzonder fraai zijn de bibliotheek, de ontvangsthal en de balzaal met zijn spiegels, kroonluchters, verguld stucwerk en fresco's.

Gourmets

Aan de andere kant van de groene middenstrook met het J.L. Runenbergmonument wordt de Zuidelijke Esplanade gedomineerd door banken, een ministerie en vrij sobere zakenpanden. In een daarvan (nr. 14) vind je op de bovenste verdieping het restaurant **Savoy** 2 een van de bekendste toprestaurants van het land. Befaamd zijn ook het prachtige uitzicht over de stad en zijn strak elegante inrichting, die in 1937 tot in detail werd vormgegeven door Alvar Aalto (▶ blz. 82).

M
MANTA

Havis Amanda verrijst uit de zee, naakt, terwijl ze een laatste smachtende blik naar de golven werpt. De vrolijke drukte om haar heen schijnt haar niet te deren. Toen de bronzen zeemeermin hier haar plaats kreeg, waren veel Helsinkiërs daar eerst niet blij mee. Nu heeft de vrouw met de bijnaam 'Manta' eindelijk toch iedereen voor zich gewonnen. Sinds de jaren 20 van de 20e eeuw staat de fonteindame in het middelpunt van de feestelijkheden aan de vooravond van 1 mei, wanneer de Finnen de lente verwelkomen met de feestdag Vappu. Bijna honderd jaar geleden kroonden enkele studenten haar met een studentenhoofddeksel en die streek is traditie geworden. Ze neemt overigens pas aan deze ceremonie deel nadat ze eerst door de studenten is gebaad.

Schijn bedriegt

Het westelijke deel van het wandelgebied dankt zijn naam aan het **Zweeds Theater** 1 (Svenska Teatern). Hier eindigt de Esplanade bij de Mannerheimintie. Al in 1827 stond hier een eerste Zweeds Theater, dat uit hout was opgetrokken. Dat was ruim 45 jaar voordat de Finstalige meerderheid een professioneel podium kreeg. Het hui-

INFO EN OPENINGSTIJDEN

Toeristenbureau en Jugendsali 2: Pohjoisesplanadi 19. Het toeristenbureau zelf is verplaatst naar de grote hal van het Centraal Station, Kaivokatu 1, tel. 09 31 01 33 00, www.myhelsinki.fi, ▶ blz. 112111).

Hotel Kämp 1: Pohjoisesplanadi 29, tel. 09 57 61 11, www.hotelkamp.com. Net zo pittig aan de prijs als de kamers en de suites zijn het restaurant en de bar, in de zomer ook buiten, ideaal voor koffie of drankje met uitzicht op de Esplanade.

ETEN EN DRINKEN

Aan de Esplanade biedt het houten kasteeltje **Kappeli** 1 naast historie en sfeer zeer goede, zij het dure, gerechten (Eteläesplanadi 1, tel. 010 766 38 80, www.kappeli.fi, dag. 10-24 uur, hoofdgerecht € 25-45).

Savoy 2: ▶ blz. 82

Op de bovenverdieping van de Academische boekhandel vind je het stijlvolle **Café Aalto** 3, waar je kunt genieten van ontbijt, salades, sandwiches en drankjes – zeer geschikt voor een pauze (Pohjoisesplanadi 39, tel. 09 121 44 46, www.cafeaalto.fi, ma.-vr. 9-21, za. 9-19, zo. 11-18 uur).

Wie meer van zoet houdt: **Café Esplanad** 4 ernaast staat bekend om zijn kaneelgebak *(korvapuusti)* en meringues/schuimgebak (Pohjoisesplanadi 37, tel. 09 66 54 96, www.esplanad.fi, ma.-vr. 8-21, za. 9-21, zo. 10-21 uur).

Uitneembare kaart: G-H 5 | Tram 1, 2, 4/4T, 7A/B

dige gebouw met zijn lichte buitenkant zonder enige versiering maakt een wat sobere indruk, waardoor bezoekers onwillekeurig worden verrast wanneer zij binnen de weelderige inrichting met veel rood en goud in het oog krijgen.

Noordelijk van het theater, op de hoek van de Keskuskatu, zit de voor liefhebbers van literatuur en architectuur interessante **Academische Boekhandel** 1 (Akateeminen Kirjakauppa, ▶ blz. 99), een van de grootste en mooiste boekwinkels van Europa. Deze werd tot in detail ontworpen door Alvar Aalto (1898-1976) en is in bedrijf sinds 1969. Het assortiment in diverse talen omvat boeken over allerlei vakgebieden, literatuur, tijdschriften, landkaarten en ansichtkaarten.

Winkel in, winkel uit

Er is reden genoeg om de terugweg ook langs de Esplanade af te leggen. Maar als je als tegenwicht wilt kennismaken met een modernere en stadsere sfeer dan die op de charmante Esplanade, kun je ook via de noordelijke parallelstraat Aleksanterinkatu gaan, die voor een groot deel alleen toegankelijk is voor voetgangers en trams. Je bereikt deze straat via de Mannerheimintie of via een van de vele dwarsverbindingen – bijvoorbeeld de Mikonkatu, een voetgangersgebied, of de Fabianinkatu.

Ook al mis je in de Aleksanterinkatu misschien de exclusiviteit van de Noordelijke Esplanade of het designdistrict (▶ blz. 44), toch zijn hier volop interessante winkels te vinden, vooral als je belangstelling hebt voor schoenen, kleding of sieraden. Tot de hoogtepunten in de Aleksanterinkatu behoren Helsinki's **World TradeCenter** 4, dat is gehuisvest in een bankgebouw uit 1921, het oude winkelstraatje **Wanha kauppakuja** 2, het **Pohjola-Haus** 5 van de architecten Lindgren, Gesellius en Saarinen, en de winkelcentra **Kluuvi** 3 en **Aleksi 13** 4 (▶ blz. 100). Bij mooi weer kun je een cool rondje door het winkelparadijs maken met de uitzonderlijk vormgegeven etalages en de straatmuzikanten. Maar als het regent kun je ook goed terecht. De winkelcentra van enkele verdiepingen lopen door onder straatniveau, waardoor je via tunnels en passages van het ene warenhuis naar het andere loopt zonder nat te worden – zelfs helemaal tot het station.

Z
ZOET

Het door de uit Zwitserland afkomstige Eduard Fazer in de Kluuvikatu geopende **Fazer Café** 5 (▶ blz. 91) stond binnen de kortste keren bekend als het beste van de hoofdstad. Inmiddels is het familiebedrijf Fazer is uitgegroeid tot een groot concern voor lekkernijen – het merk is nu bekend in heel Scandinavië, de Baltische landen, Polen, Rusland en Groot-Brittannië. Veruit de populairste chocoladereep is **Fazerin Sininen** (ook wel Fazer's Blue genoemd naar de blauwe verpakking). Karls zoon Sven Fazer zou het geheime Zwitserse recept in 1922 gekregen hebben als dank voor de zorg voor een zieke jongen. De chocolade is een mooi souvenir voor aangename herinneringen aan Helsinki.

4

Een spoorwegstation als middelpunt – **Rautatieasema**

Het Centraal Station van de hoofdstad is een bouwkundig juweeltje dat midden in het drukke stadsleven staat, omringd door musea, theaters, de nieuwe bibliotheek en tophotels. Maar Helsinki zou Helsinki niet zijn als er vlak bij alle bedrijvigheid niet ook een oase van rust te vinden was. Even heerlijk ontspannen kan bijvoorbeeld in het Kaisaniemipark.

Niet alleen een bolwerk van kennis, maar ook een bijzonder staaltje van architectuur: als je de Universiteitsbibliotheek in loopt, kijk je onwillekeurig eerst omhoog.

Het monumentale **Centraal Station** 1 (Rautatieasema), met aan drie kanten een plein, geldt terecht als een van de markantste bouwwerken en een herkenningsteken van Helsinki. In 1904 won de architect Eliel Saarinen de eerste prijs in een wedstrijd met een ontwerp dat in 1916 werd gerealiseerd en spoedig een voorbeeld voor ande-

re kopstations in Europa werd. Het is de moeite waard het granieten gebouw binnen te gaan via het door imposante fakkeldragers geflankeerde hoofdportaal en de ruimtelijke werking van de hallen te ervaren. Let daarbij op de talloze interessante details aan deuren en muren. Achter het historische gebouw worden de perrons overdekt door een grote constructie van glas. Op de dienstregeling staan treinen naar St.-Petersburg en Moskou, en een blik op de afwijkende spoorbreedten maakt duidelijk dat je hier daadwerkelijk tussen Oost en West reist.

De twee granieten reuzen van het Centraal Station kijken grimmig voor zich uit. Met hun keiharde spieren doen ze wat ze moeten doen: de lichtbollen vasthouden die het station verlichten.

Aan de westkant: bedrijvigheid

Op het plein ten westen van het station heerst voortdurend een turbulente drukte, want hier lopen veel reizigers af en aan tussen de stations voor trein, bus of metro, en de Finnair City Terminal. Aan de overkant van het plein zie je restaurants, hotels, het gebouw van de krant Helsingin-Sanomat en het hoge **hoofdpostkantoor** 2 (Postitalo). In het sobere gebouw van baksteen uit 1938 tref je naast de gebruikelijke inrichting van een postkantoor ook een sfeervol café aan, en verder een supermarkt en een in muziek, film en stripverhalen gespecialiseerd filiaal van de **stadsbibliotheek.**

Aan de zuidkant: kunst zonder grenzen

Ten zuiden van de Kaivokatu wordt het plein voornamelijk omringd door hoge gebouwen van grijs graniet, met daarachter de gevels van kantoren, businesscenters en een parkeergarage. Ook zie je er hotels, zoals **Seurahuone** 1 (▶ blz. 88), dat hier al sinds 1913 gasten ontvangt. Werp vanaf het trottoir even een blik in het hotelrestaurant, vooral als het 's avonds verlicht is – je zult in Helsinki niet gauw een fraaier ingerichte eetzaal vinden. Verder naar het oosten, maar nog steeds aan de zuidzijde, wordt de aandacht getrokken door de **Nationale Galerie Ateneum** 3 (Ateneumin taidemuseo). Het enkele jaren geleden gerestaureerde, paleisachtige pand uit 1887 geeft met de busten van Bramante, Phidias en Rafaël al aan dat het aan de kunst gewijd is. Ook vanbinnen is het gebouw indrukwekkend; hier is de grootste kunstcollectie van het land ondergebracht, met in het bijzonder Finse werken van na

INFO EN OPENINGSTIJDEN

Centraal Station 1: dag. 5-2 uur
Ateneum 3: Kaivokatu 2, tel. 0294 50 04 01, www.ateneum.fi, metro: Rautatientori, di., vr. 10-18, wo.-do. 10-20, za.-zo. 10-17 uur, € 15/13 (tot 18 jaar gratis)
Universiteitsbibliotheek 5: Fabianinkatu 30, tel. 02941 239 20, www.helsinki.fi/kirjasto/en/home, ma.-vr. 8-20, za.-zo. 11-17 uur
Botanische Tuin 7: Kaisaniemenranta 2, metro: Helsingin yliopisto, tuin dag. 9-20, gratis; kassen di.-za. 10-17, do. tot 18, zo. 10-16 uur, € 10, jongeren 7-17 jaar € 5, gratis elke 1e vr. van de maand 14-17 uur
Makkaratalo 1: Kaivokatu 8, www.citycenter.fi, ma.-za. 5.30-23.30, zo. 6.30-23.30 uur

ETEN EN DRINKEN

Ravintola Kaisaniemi 1 aan de noordrand van het Kaisaniemipark ging open in 1827 (Kaisaniementie 6, ma.-vr. 11-21, za. 13-22 uur). Tot de gasten behoorden de dichters Eino Leino en Johan Ludvig Runeberg, de componist Jean Sibelius en maarschalk Mannerheim. Veel historie dus, maar ook een fijne plek om even bij te komen. Je kunt er ook terecht voor een zeer goed lunchbuffet (ma.-vr., in de winter wo.-vr. 11-15 uur, € 15). In **Café Roasberg** 2, niet ver van het station en Ateneum, kun je aan een van de grote ramen zitten en uitkijken over de levendige drukte buiten (Mikonkatu 13, tel. 045 649 60 80, www.roasberg.fi; ma.-do. 8-23, vr. 8-24, za. 10-24, zo. 10-22 uur).

Uitneembare kaart: G-H 4-5 | **Tram** 3, 5, 6/6T, 7, 9, **Metro** Rautatientori, Helsingin Yliopisto

1700. Het zwaartepunt wordt gevormd door het Finse 'gouden tijdperk', met programmatische en bekende kunstwerken van Gallen-Kallela en anderen. Verder zijn er veel buitenlandse werken uit diverse perioden te zien, waaronder schilderijen van Gauguin en Van Gogh.

Aan de oostkant: stedelijke dynamiek

Aan de oostkant van het station ligt de grote open ruimte van het **Stationsplein** 4 (Rautatientori), dat wel een soort Piccadilly Circus in Helsinki lijkt, natuurlijk van een bescheidener omvang. Maar als er ergens in de hoofdstad sprake is van chaotisch verkeer, de sfeer van een wereldstad en opvallende lichtreclames, dan is dat hier. Met de rug naar het station kijk je uit op een hoge rij hotels, banken, pubs, krantenuitgeverijen en het Grand Casino met zijn opzichtige reclame. Het plein zelf is zo groot dat er nog ruimte genoeg is voor bushaltes, parkeerplaatsen en paviljoens. In de winter wordt hier bovendien een ijsbaan aangelegd.

Op het plein herinnert het bronzen **Aleksis Kivimonument** van Aaltonen (1939) aan deze Finse nationale dichter. Pal erachter verheft zich het in 1902 uit graniet opgetrokken **Nationaal Theater** 1 (Suomen kansallisteatteri, ▶ blz. 108). Het gebouw in de stijl van de nationale romantiek heeft vier podia en een foyer met een aantal mooie fresco's.

Ten oosten van het stationsplein, aan de overkant van de Kaisaniemenkatu, trekt aan de Fabianinkatu sinds 2012 de nieuwe **Universiteitsbibliotheek** 5 (Helsingin yliopiston kirjasto), kortweg Kaisahuis genaamd, veel studenten, boekenwurmen en architectuurliefhebbers (▶ blz. 82).

Aan de noordkant: ontspanning

Een huizenblok verder naar het noorden is in het **Kaisaniemipark** 6 (Kaisaniemen puisto) nauwelijks iets te merken van het drukke stadsleven. Ook al ligt het oudste park van de stad op een steenworp afstand van het station, toch biedt het in plaats van de drukke hectiek aangename wandelpaden, in plaats van verkeerslichten en neonreclames het groen van bomen en het blauw van water. In het park vind je ook de mooie en het hele jaar door toegankelijke **Botanische Tuin** 7 van de universiteit (Kaisaniemen kasvitieteellinen puutarha). Deze tuin werd kort na 1830 aangelegd en heeft ook kassen met tropische planten.

OM DE HOEK

Het draait om de worst

Het **Makkaratalo** 1 (Worsthuis) wordt niet zo genoemd omdat er alleen worsten te koop zouden zijn. Het City-Center, een winkel- en kantorencentrum pal tegenover het station, werd na de bouw in 1967 herhaaldelijk uitgeroepen tot lelijkste gebouw van Helsinki. De naam verwijst naar het 'worstvormige' onderdeel rond de parkeerruimte op de tweede verdieping.

O OVERIGENS

Bertholt Brecht noemt het **Aleksis Kivimonument** in zijn *Flüchtlingsgesprächen*: 'De beeldhouwer heeft humor, hij heeft hem [Aleksis Kivi] een dromerige gezichtsuitdrukking gegeven, alsof hij van een broodkorst zonder eigenaar droomde.' Aleksis Kivi stierf in 1870 inderdaad in armoede.

Bij events als het concert van de zangeres Chisu verandert het Kaisaniemipark van groen en stil in kleurig en turbulent.

5

Hartslag van de stad – **Mannerheimintie**

Het lijkt wel alsof de Finnen hun best doen zich hier als metropool te presenteren, met verkeerslawaai, voetgangersgedrang, warenhuizen en alles wat er verder nog bij hoort. Nergens wekt Helsinki zo zeer de indruk een wereldstad te zijn als op de 500 m van de Mannerheimstraat tussen het Zweeds Theater en het Parlement.

De Mannerheimintie is de hoofdverkeersader van Helsinki: het is een vierbaansweg met veel verkeer, lawaai en bedrijvigheid. Als je in een tram over deze avenue rijdt, krijg je al veel bezienswaardigheden te zien: het Olympisch Stadion en de Nationale Opera in het noorden, het Glazen Paleis, het Zweeds Theater en de Esplanade in het zuiden. De Mannerheimintie verbindt deze punten en stadsdelen, en verdeelt het centrum in een oostelijk en een westelijk deel.

De hoofdverkeersader Mannerheimintie verbindt niet alleen noord en zuid, maar combineert ook modieuze kleding en lekker eten.

Kijken, kopen of kanen

Als je bij een wandeling het Zweeds Theater als uitgangspunt neemt, ga je natuurlijk – als je een beetje van winkelen houdt – niet voorbij

aan het warenhuis **Stockmann** (▶ blz. 99). Op de hoek met de Aleksanterinkatu zie je drie hamerende mannen staan, die zo uit de sauna lijken te zijn gekomen en die een van de meest gefotografeerde motieven van Helsinki zijn. Zij vormen het in 1932 opgerichte monument **De drie smeden** 1 (Kolme seppää). Aan het pleintje, een van populairste trefpunten van Helsinki, torent het in 1870 voltooide **Oude Studentenhuis** 2 (Vanha Ylioppilastalo) hoog boven alles uit. De weelderige façade van dit gebouw is een van de indrukwekkendste van de hoofdstad.

Een duidelijk contrast in architectuur met het overdadige decor van het Oude Studentenhuis wacht slechts enkele meters verderop: hier wordt de aandacht getrokken door het klassiek-elegante **Sokos Hotel Vaakuna** 1 met een afgeronde façade, dat in 1952 werd gebouwd voor de Olympische Spelen, en recht hiertegenover het **Lasipalatsi** (▶ blz. 41). Het lage, witte, met grote raamvlakken getooide 'Glazen Paleis' bestrijkt een lang stuk van de Mannerheimintie.

Kunst en politiek

Schuin ertegenover kijkt maarschalk Mannerheim zelf hoog te paard over 'zijn' straat uit. Het grote **ruiterstandbeeld** werd vervaardigd door Aimo Tukiainen en in 1960 op gezichtsafstand van het Parlement onthuld.

Achter de bronzen rug van de maarschalk vormt **Kiasma** 3, het museum voor eigentijdse kunst, een indrukwekkend stedenbouwkundig accent. Het staat op een centrale en zeer in het oog springende plaats en houdt zich met zijn kloeke, iets gebogen façade staande tegenover de erachter oprijzende constructie van glas en staal van de krantenuitgeverij Helsingin Sanomat. Het in 1998 geopende museum is een ontwerp van de beroemde Amerikaanse architect Steven Holl – voor het eerst sinds Engel was een buitenlandse architect verantwoordelijk voor een representatief gebouw in de stad. Kiasma omvat behalve de expositieruimten ook een theater, galerieën, een café en een restaurant.

Men toont hier internationale kunst uit de periode na 1960, in het bijzonder installaties en mediakunst. De binnenruimten met hun grote glasvlakken sluiten de stad en zijn inwoners niet

O OVERIGENS

Telkens wanneer een jonge vrouw die nog maagd is dicht langs hen loopt, slaan **De drie smeden** met hun hamers op de sokkel – dat legt Arto Paasilinna een van zijn romanpersonages in de mond. Populaire boeken van deze humoristische schrijver zijn onder meer *Wees genadig*, *De tien minnaressen* en *De gifkokkin*. De hamers hebben tot op de dag van vandaag nog niet geklonken…

Kunst heeft te maken met kunnen? Dat geldt dan ook voor de skateboarders bij het kunstmuseum Kiasma.

buiten; ook met panelgesprekken streeft men naar openheid. Kiasma leeft en staat midden in de stad. Vooral op zwoele avonden is hier veel te doen – zo zijn er elk weekend jongerenparty's op de groenstroken langs de waterkant.

Aan de andere kant van de straat zie je de neoclassicistische zuilenrij van het **Parlement** 4 (Eduskuntatalo). De zware granieten kolos, tevens een monument voor de Finse onafhankelijkheid, wordt geflankeerd door monumenten voor Finse presidenten. Net als de buitenkant staat ook het interieur in het teken van neoclassicistische soberheid. De belangrijkste zalen en vertrekken kun je tijdens een rondleiding bezichtigen. In 2004 is het gebouw uitgebreid met twee bijgebouwen met glazen gevels, in 2015-2017 is het complex gerenoveerd. In het bezoekerscentrum aan de linkerzijde (Arkadiankatu 3) is informatie beschikbaar over parlement en EU (ma.-vr. 10-16 uur).

Ogen en oren open

Tegenover het Parlement is in 2011 het **Muziekhuis van Helsinki** 1 (Helsingin musiikkitalo), een project van € 140 miljoen, geopend. Het concertgebouw is een van de laatste mozaïekstenen die het beeld van het nieuwe, rond de Töölöbaai gegroepeerde centrum completeren. Het pand met een oppervlakte van 36.000 m² is door een geometrisch ingedeelde ruimte van groen en water optisch verbonden met het Parlement, het Kiasma en het gebouw van uitgeverij Sanomat. Ten opzichte van het water staat het op één lijn met het nabije Finlandiahuis (▶ blz. 54), maar door zijn donkere kleurstelling steekt het ook af tegen zijn befaamde buur. Vaste bewoners zijn het Filharmonisch Orkest van de stad, het Symfonieorkest van de Finse radio en de Sibeliusacademie.

Pal erachter op het Kansalaistori sluit de nieuwe **Centrale Bibliotheek Oodi** 5 aan bij de groep bouwkundige meesterwerken. Door de unieke architectuur biedt het gebouw naast de Stiltekapel, de Löyly-Sauna en de Allas Sea Pool nog een voorbeeld van het nieuwe bouwen met hout in Helsinki en houdt het zich staande tussen de beroemde buren. Met mogelijkheden voor werk en activiteiten, een restaurant, café en bioscoop moet het vanaf 2019 een openbare werkplek en en huiskamer voor iedereen zijn.

S
SNOEK

Natuurlijk eten de Finnen graag snoek, maar waarom staat er nu juist voor het **Muziekhuis van Helsinki** zo'n reusachtige vis? De monumentale, bijna 13 m hoge Installatie **Laulupuut** (Liedbomen) van Reijo Hukkanen werd hier in 2012 opgesteld. Naast de enorme snoekenkop vallen de pianokleppen op als onderdeel van de sculptuur. De kunstenaar liet zich hiervoor inspireren door het gedicht 'Hauen laulu' (Lied van een snoek) van Aaro Hellakooksi, maar vooral verwijst het werk naar het Finse nationale instrument: de eerste citer, zonder greepplank, werd namelijk volgens het Finse nationale epos *Kalevala* door de tovenaar Väinämöinen vervaardigd uit het kaakbeen van een grote snoek. Het gaat ook weer niet alleen maar om eten…

In het noorden omringen de bomen van een rustig park de elegante **Villa Hakasalmi** 6 (Hakasalmen huvila) van omstreeks 1840, die als een relict uit vroeger tijden tussen het Muziekhuis en het Finlandiahuis interessante exposities houdt.

Van een heel ander kaliber is het **Nationaal Museum** 7 (Kansallismuseo) aan de overkant van de Mannerheimintie. Het van 1916 daterende gebouw, een hoofdwerk van de Finse nationale romantiek, heeft een prachtige centrale koepelzaal, die is versierd met fresco's door Akseli Gallen-Kallela. De motieven zijn ontleend aan het nationale epos *Kalevala*. Sinds 2014 is ook het Museum der Culturen (Kulttuurien museo) in het Nationaal Museum geïntegreerd.

Of je nu in het Kiasma of het Nationaal Museum bent – hier is kunst 'voelbaar' aanwezig.

INFO EN OPENINGSTIJDEN

Sokos Hotel Vaakuna 1: Asema-aukio 2, tel. 020 123 46 10, www.sokoshotels.fi, 2 pk € 160-460
Kiasma 3: Mannerheiminaukio 2, www.kiasma.fi, di., zo. 10-17, wo.-vr. 10-20.30, za. 10-18 uur, € 14/12, tot 18 jaar gratis, 1e vr. van de maand gratis
Villa Hakasalmi 6: Mannerheimintie 13, www.hakasalmivilla.fi, di.-zo. 11-17, do. tot 19 uur, gratis
Nationaal Museum 7: Mannerheimintie 34, www.kansallismuseo.fi, di.-zo. 11-18, wo. tot 20 uur, € 12/9, vr. 16-18 uur en tot 18 jaar gratis
Muziekhuis van Helsinki 1: Mannerheimintie 13, www.musiikkitalo.fi, tel. 020 707 04 00, ma.-vr. 8-22, za. 10-22, zo. 10-20 uur, gratis

ETEN EN DRINKEN

Met designmeubilair en een prachtig uitzicht ('s zomers buiten) lokt **Café Kiasma** 1 op de begane grond van het museum. Naast drankjes kun je aan de zelfbedieningsbar terecht voor lekkere tussendoortjes en dagelijks wisselende lunchgerechten (vaak ook vegetarisch). Ook in het zelfbedieningscafé (ma.-vr. 8-19, za. 11-19, zo. 12-18 uur) en op het terras (afhankelijk van het weer) van **Musiikkitalo** 1 kun je genieten van snacks, salades en grillgerechten.

Uitneembare kaart: F-G 4-5 | **Tram** 1, 2, 3, 4, 6/6T, 10, **Metro** Rautatientori, Kamppi

#6

Onder de grond en hoog erboven – **in Kamppi**

Ten westen van de Mannerheimintie kun je de diepte in naar de wortels van de stad en omhoog naar het beste uitkijkpunt. Naast het gelijknamige bedevaartsoord voor liefhebbers van winkelen behoren het stadspanorama vanuit vogelperspectief en een sauna in het jugendstilbadhuis tot de hoogtepunten in deze wijk.

Officieel is **Kamppi** 1 een uitgestrekte wijk die tussen de Mannerheimintie en de Mechelininkatu ligt. Maar eigenlijk is het een kolossaal multifunctioneel complex dat in 2006 in gebruik is genomen en een heel stratenblok beslaat. Het Kamppi herbergt op zes verdiepingen een van de grootste **winkelcentra van Finland** (► blz. 100). Onder de grond liggen verdeeld over twee verdiepingen de modernste busstations van Europa voor verbindingen met de stad Espoo in de nabije omgeving en verder verwijderde regio's. De wachtruimtes zijn door glazen deuren afgeschermd van de garage waaruit de bussen vertrekken.

Als populair vervoermiddel bepalen de karakteristieke groene trams het stadsbeeld. Je kunt de stad overigens ook prima lopend of op de fiets verkennen.

De diepte in gaan of boven blijven?

Meteen ernaast ligt het metrostation **Kamppi**, het diepste van heel Helsinki. Alleen al de tocht erheen over de roltrap die 30 m steil omlaag de diepte in gaat, is een belevenis. In het metrostation wordt de aandacht meteen getrokken door zeven kristalvormige formaties aan het spelonkachtige plafond. Als je wat beter kijkt, blijken het 735 aluminium borden te zijn die dwars door de aardbodem steken: het kunstwerk 'Wortels van de stad' van Otto Karvonen, dat heel toepasselijk op een centraal verkeersknooppunt is aangebracht, verwijst naar de plaatsen van herkomst van de inwoners van Helsinki en tegelijk naar het internationale karakter van de multiculturele stad.

Hierna gaat het verder via ondergrondse passages naar het uitnodigende **Shoppingcenter Forum** (▶ blz. 100), terwijl ook het warenhuis **Stockmann** bij slecht weer via ondergrondse verbindingen te bereiken is.

Als je daarentegen voor de 'bovengrondse' variant kiest, kom je voor het Kamppi bij de in 2012 ingewijde **Stiltekapel** 2 (Kampin kappeli) op het Narinkkaplein, waarvan de markante architectuur een tegenwicht vormt voor de woelige drukte van de winkelcentra. Als je het ovale bouwwerk van hout binnengaat, betreed je een puristische ruimte met een magische aantrekkingskracht, die je de hectiek van buiten volkomen doet vergeten.

Kunst die onder de oppervlakte gaat

Het naburige Lasipalatsiplein is vernoemd naar het 'Glazen paleis' dat hier staat. Oorspronkelijk was dit als een tijdelijke oplossing bedoeld, maar nu geldt het gebouw uit de jaren 30 van de architecten Revell, Kokko en Riihimäki als een toonbeeld van de stijl van het functionalisme. Na een uitvoerige, in 2018 afgeronde restauratie biedt het nu plaats aan een restaurant, een café, de bioscoop Bio Rex en het nieuwe **Amos Rex** 3, als opvolger van het Amos Andersonmuseum, met de grootste particuliere kunstcollectie van het land. De exposities geven een beeld van alle aspecten van eigentijdse kunst. Ook hier is slechts de top van de ijsberg zichtbaar: de essentie van het museum, een moderne expositieruimte van 2000 m², is onder de grond aangelegd.

O ONDERAARDS

Helsinki is de eerste stad ter wereld die een masterplan heeft opgesteld voor het benutten van de ondergrondse ruimte. In totaal is al een ongelofelijke ruimte van 9 miljoen m³ met meer dan 400 verschillende voorzieningen voor water en energie en ruimte voor parkeren en opslag aangelegd. Het diepste punt van deze onderwereld ligt 100 m onder zeeniveau. Verder zijn er talloze voetgangerspassages aangelegd die een verbinding met de belangrijkste plaatsen in de stad vormen. Een tweede centrum onder de grond naast het Kamppi is de stationstunnel (Asematunneli), die het Centraal Station verbindt met het City-Center en verder met Sokos en het Forum. Dikwijls zijn de tunnels maar moeilijk te vinden, waardoor het geheel de indruk kan wekken van een ondergronds labyrint.

INFO EN OPENINGSTIJDEN

Stiltekapel 2: Simonkatu 7, tel. 09 23 40 20 18, ma.-vr. 8-20, za.-zo. 10-18 uur

Amos Rex 3: Mannerheimintie 22-24, www.amosanderson.fi, ma., vr. 11-18, wo.-do. 11-20, za.-zo. 11-17 uur, € 18, studenten/tot 30 jaar € 5, tot 18 jaar gratis.

Ateljee Bar 1: in het Sokos Hotel Torni, Yrjönkatu 26, tel. 010 784 20 80, www.raflaamo.fi/en/helsinki/ateljee-bar, ma.-do. 14-1, vr. 14-2, za. 12-2, zo. 14-24 uur

Yrjönkatu-binnenbad 1: Yrjönkatu 21b, sept.-mei, vrouwen ma. 12-20, wo., vr. 6.30-20, zo. 11-20, mannen di., do. 6.30-20, za. 7-20 uur, € 5,50, kinderen € 2,50, eigen cabine boven € 14

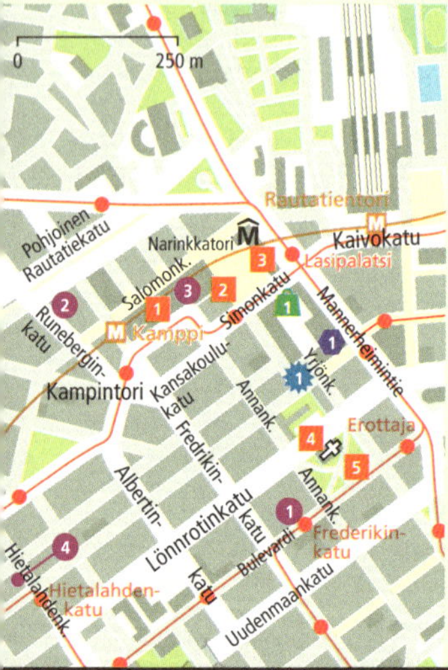

ETEN EN DRINKEN

In deze wijk zijn de volgende cafés aanraders: **Café Ekberg** 1 (Bulevardi 9, tel. 09 681 18 60, www.ekberg.fi, ma.-vr. 7.30-19, za. 8.30-17, zo. 9-17 uur, ontbijtbuffet ma.-vr. 7.30-10.30, za.-zo. 9-13.30 uur; **Café Charlotta** 2, bijvoorbeeld veganistische taart (Runeberginkatu 5, www.kahvicharlotta.com), **Kaakaopuu** 3 (verdieping E in het winkelcentrum, www.kaakaopuu.fi) met Belgische chocolade, en **Konstan Möljä** 4 (Hietalahdenkatu 14, www.konstanmolja.fi) met traditionele Finse gerechten (▶ blz. 95).

Uitneembare kaart: F-G 5-6 | **Metro** Rautatientori, Kamppi

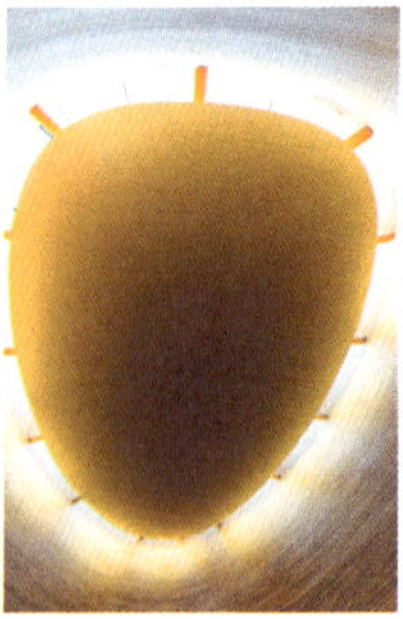

De Stiltekapel is doelbewust zonder ramen en als tegenhanger van het levendige Kamppi ontworpen.

Moeder van alle Scandinavische baden

Achter de Stiltekapel en het Forum voert de Yrjönkatu met een S-bocht langs het Zweedstalige Kleine Theater naar het **Yrjönkatu-binnenbad** 1 (Yrjönkadun uimahalli). Vooral veel indruk maakt het in 1928 voltooide zwembad met zijn interieur in de stijl van de Romeinse thermen. In het souterrain kom je meteen bij het 25 m-bad met de luxueuze aankleding van de jaren 20 van de 20e eeuw. Naast de twee elektrosauna's van het souterrain biedt de duurdere bovenverdieping een grote, op hout gestookte sauna en twee andere sauna's met privékleedcabines met ligstoelen. Op de gang met zicht op het water kun je aan een tafeltje wat ontspannen en bij de obers in uniform een drankje of een hapje bestellen. Tot 2001 waren de badgasten uitsluitend naakt, sinsdien is ook het dragen van badkleding toegestaan, al zijn er nog steeds aparte openingstijden voor mannen en vrouwen. Dit binnenbad is overigens niet alleen het oudste van Helsinki, maar ook van heel Scandinavië, en was jarenlang het enige openbare zwembad van Finland.

Stil plekje met uitzicht

Een fantastisch uitzicht over de skyline van Helsinki en de Oostzee heb je op het terras van de **Ateljee Bar** 1 op de 14e verdieping van het historische **Hotel Torni** (▶ blz. 88), de enige designflat van Helsinki. Toen het hotel in 1931 zijn deuren opende, was het met bijna 70 m het hoogste gebouw van Finland; tot 1987 bleef deze 'toren' het hoogste gebouw van Helsinki. Het is geweldig om 's avonds onder het genot van een (dure) cocktail uit te kijken over de daken van de stad en later de zee van lichtjes. Een fraaie bijkomstigheid zijn de maandelijks wisselende exposities van Finse kunstenaars. Het mooiste uitzicht hebben overigens de vrouwen op het Torni-toilet, waar de glazen façade een panoramisch vergezicht biedt.

Proost! In Finland zegt men meestal 'kippis'. Als de drank rijkelijk heeft gevloeid, gebruikt men het betekenisloze 'hölkyn kölkyn'.

Getuigen van de tijd

Aan de voet van de Torni en tegen de achtergrond van de hoogbouw uit het begin van de 20e eeuw staat de **Oude Kerk** 4 (Vanhakirkko) aan de rand van een park. Het in lichte tinten gehouden godshuis van hout, dat nu zo klein en eenzaam oogt, was na zijn inwijding in 1826 de hoofdkerk van de stad. Vanaf het begin was echter duidelijk dat het deze rol slechts zou vervullen tot het moment dat de Dom aan het Senaatsplein klaar was.

Achter de kerk loopt het idyllische park **Vanha kirkkopuisto** 5 glooiend omlaag naar de Bulevardi, een groene stadslong met schaduwrijke bomen, bankjes, monumenten en wat grafstenen.

OM DE HOEK

Van de boogpoort bij de Oude Kerk is het in westelijke richting niet ver naar **Café Ekberg** 1, de oudste lunchroom van Helsinki. Weliswaar kun je hier een dagelijks wisselend lunchmenu krijgen, maar de grote trekkers zijn nog altijd de lekkere taarten en delicatessen.

O OVERIGENS

De grafstenen in **Vanha kirkkopuisto** zijn de restanten van de voorheen enige officiële begraafplaats van de stad, waar soldaten uit de burgeroorlog werden begraven. Twee eeuwen eerder was het huidige park bekend als pestkerkhof (Ruttopuisto) – nadat hier in 1710 tijdens de Grote Noordse Oorlog zo'n duizend slachtoffers van de pest in massagraven waren gelegd.

7

Voor bijzonder mooie dingen – **het designdistrict**

Podium en ontmoetingsplek voor ontwerpers en trendsetters, een levendige uitgaanswereld, vermaarde galerieën, restaurants, cafés en heel veel winkels – dat is het designdistrict. Dit gemoedelijke en bruisende stadsdeel strekt zich uit over meer dan twintig straten die uitnodigen tot ontspannen rondslenteren.

Wat zal het zijn: design of geen design? Dat is de vraag. Kijk voor het antwoord zeker rond in het designdistrict.

Na de sauna en de muggen is design ongetwijfeld het derde cliché dat men steevast met Finland associeert. Vergeet daarbij overigens niet dat het Finse design, met zijn eenvoud, functionaliteit en doelgerichte gebruik van beperkte bronnen, op zijn minst al sinds de jaren 30 wereldfaam geniet. Helsinki is een mekka voor wie de wereld van interieurinrichting en industrieel design wil verkennen. Bijzonder handig is dat vrijwel alle bekende merken met een winkel of een atelier

INFO EN OPENINGSTIJDEN

Designmuseum 2: Korkeavuorenkatu 23, tel. 09 622 05 40, www.designmuseum.fi, dag. 11-18, sept.-mei di. 11-20, wo.-zo. 11-18 uur, 12/€ 10/6
Museum voor Finse Architectur 3: Kasarmikatu 24, tel. 045 773 104 74, www.mfa.fi, di.-zo. 11-18, wo. tot 20 uur, € 10, tot 18 jaar gratis, combikaartje met Designmuseum € 15

ETEN EN DRINKEN

In een voormalig bankgebouw vind je nu **Ravintola & Bar Grotesk** 1, een trendy etablissement op een prominente locatie met cocktailbar, terras en restaurant met Amerikaanse keuken (Ludviginkatu 10, tel. 010 470 21 00, www.grotesk.fi, restaurant di.-za. 17-24, bar en terras di.-do. 17-2, vr.-za. 17-3 uur).

Uitneembare kaart: G 5-6 | **Tram** 1, 3, 6/6T, 10, **Bus** 24

zijn vertegenwoordigd in de buurt die de bijnaam 'designdistrict' draagt.

Creativiteit in overvloed

Met zoveel creatieve jonge ontwerpers dicht bij elkaar op een beperkte ruimte is het geen verrassing dat deze buurt ook op andere terreinen een grote dynamiek kent. Jonge mode, accessoires, meubels, hairstyling, clubs en hybride restaurants, chique hotels en reclamebureaus – dat alles maakt deze wijk interessant voor wie van mode houdt. Helsinki's oudste voetgangerszone, de legendarische **Iso Roobertinkatu** 1, is in 2017 gerenoveerd. Parallel hieraan loopt de **Uudenmaankatu** 2. De noordelijke grens is de brede verkeersader **Bulevardi** 3 – een goede plek voor kunst, antiek en lederwaren. In het westen loopt het district tot de Fredrikinkatu en nog iets verder. Hier verkoopt men in kleine, persoonlijke boetieks vooral kleding en interieurversiering.

Een goed startpunt voor een kennismakingstocht door het designdistrict is de Esplanade, Helsinki's 'snelweg' met een geïntegreerde groengordel. Aan de westkant van de Eteläespla-

▶ INFO EN GIDS

Een overzicht van de interessantste winkels en nieuwste ontwikkelingen in het district vind je op www.designdistrict.fi. Met de **'Design Walk'** kun je het designdistrict en de geschiedenis van de bekendste zaken leren kennen en ook met designers zelf in contact komen – alles onder vakkundige begeleiding (in het Engels, elke vr. 15 uur, boeken via Happy Guide Helsinki, happyguidehelsinki@gmail.com, www.designtourshelsinki.com, 2 uur, boeken alleen via mail). De wandeltochten beginnen bij het Designmuseum (Korkeavuorenkatu 23).

Een kleurrijk voorbeeld van echt Fins design voor alledaags gebruik is het merk Marimekko.

nadi (Zuidelijke Esplanade) zie je meteen **Artek** 4 (► blz. 102) een kampioen van het klassiek-moderne design. Alvar Aalto (1898-1976) en andere jonge Finse ontwerpers richtten deze onderneming in 1935 op om hun producten beter aan de man te kunnen brengen.

Eindeloos ontdekken

Verder westwaarts, voorbij het Zweeds Theater, kom je bij het **Kolmikulma-Park** 1 (Kolmikulma-puisto), dat een beetje in de vorm van een taartpunt in het hart van deze trendy wijk van de hoofdstad ligt. Naar het zuiden toe wordt het hier iets rustiger, maar zijn er nog volop kledingzaken, kunstgaleries, design- en antiekwinkels, met daarbij grote namen uit de wereld van het Finse en het internationale design aan, de moderne klassiekers, maar ook de laatste trendsetters. Zelfs alleen de belangrijkste adressen noemen voert hier al te ver: hier wordt een ontdekkersmentaliteit gevraagd!

W
WHO'S WHO

Let bij de verkenning van Fins design niet alleen op **Alvar Aalto** en **Ilmari Tapiovaara**, maar zeker ook op **Yrjö Kukkapuro** (geb. 1933), die de stoelklassieker Ateljee ontwierp, **Tapio Wirkkala** (1915-1985), die voor het glasbedrijf Iittala werkte, **Kaj Franck** (1911-1989), die onder meer hoofd design bij het bedrijf Arabia was, en **Maija Isola** (1927-2001), die onder meer het patroon 'Unikko' voor Marimekko ontwierp.

Inzicht in design

Als je na zoveel in winkels rondneuzen behoefte voelt aan een wat beschouwelijkere benadering, kun je de korte wandeling door de Yrjönkatu maken naar het Koulupuistikko, ook in een taartpuntvorm. Aan dit plein zie je de façade van het **Designmuseum** 2 (Designmuseo), dat is gehuisvest in een schoolgebouw uit 1894. De collectie omvat behalve moderne ook andere designproducten, en uiteraard zijn hier ook alle grote Finse namen vertegenwoordigd. Verder houdt men wisselende exposities met objecten van ontwerpers uit binnen- en buitenland. Achter het Designmuseum (aan de Kasarmikatu) maakt het **Architectuurmuseum** 3 (► blz. 81) het plaatje compleet.

Rusland dichtbij – **het schiereiland Katajanokka**

#8

De Oespenskikathedraal van rode baksteen verheft zich hoog boven de wijk Katajanokka, die vroeger populair was als achtergrond voor spannende films in de tijd van de Koude Oorlog. Vrees niet: op dit schiereiland staan geen grauwe Oostblokflats, maar tref je mooie pleinen, statige gebouwen en goede restaurants aan, en heb je overal zicht over het water.

Toen men halverwege de 19e eeuw een smal kanaal uitgroef, werd het schiereiland Katajanokka (Zweeds Skatudden) in strikte zin een eiland. Vanaf het Kauppatori kom je er gemakkelijk via een voetgangersbrug, waarmee je gelijk een onzichtbare grens oversteekt: aan de ene kant ligt het dichtbebouwde neoclassicistische stadscentrum en aan de andere kant vind je een rustige woonomgeving met een zeer interessante men-

Verfrissend anders: als je in het hoge noorden gaat zwemmen, kan het water wel eens koud zijn, maar met de Oespenskikathedraal op de achtergrond is het toch wel heel speciaal.

Uitneembare kaart: H-K 5-6 | **Tram** 4, 5

INFO EN OPENINGSTIJDEN

Oespenskikathedraal 1: Kanavakatu 1, tel. 09 85 64 62 00, di.-vr. 9.30-16, za. 10-15, zo. 12-15 uur
SkyWheel 1: Katajanokanlaituri 2, www.skywheel.fi, dag. 11-17 uur (wisselende openingstijden), rit van 15 min. € 12, groepskorting, kaartjes ook online.
Allas Sea Pool 2: Katajanokanlaituri 2, www.allasseapool.fi, ma.-vr. 6.30-12, za. 9-21, zo. 9-20 uur, zwembad en sauna € 12, 3-11 jaar € 6
Flytour 3: Katajanokanlaituri 2, tel. 050 465 22 73, www.flytourxd.com, di.-za. 10-18, zo. 10-17 uur elke 15 min., € 12 (vanaf 5 jaar), andere 4D-films € 6,50

ETEN EN DRINKEN

Bellevue 1: Rahapajankatu 3, tel. 09 17 95 60, www.restaurantbellevue.com, di.-vr. 11-23, za. 13-23 uur, hoofdgerecht € 20-57
Katajanokka-Kasino 2: Laivastokatu 1, tel. 09 61 28 63 00, www.katajanokankasino.fi, ma.-vr. 11-15 uur, lunchmenu € 36-41

geling van oude tol- en pakhuizen, jugendstilgebouwen, representatieve gebouwen in neoclassicistische stijl en nieuwere architectuur.

Oespenskikathedraal

Een symbool op niveau

Het boven alles op het schiereiland uitstekende gebouw, dat al vanaf het Kauppatori en vanaf tal van andere locaties in de hoofdstad te zien is, is de **Oespenskikathedraal** (1 (Uspenskin katedraali), altijd nog de grootste Russisch-orthodoxe kerk van Noord-Europa. De monumentale uitstraling wordt nog versterkt doordat het bouwwerk net als de Dom op een granieten verhoging staat. De bouw in Oud-Russische stijl van de kathedraal, die aan het 'Ontslapen van Maria' is gewijd, werd voltooid in 1868. Aan de buitenkant is het gebouw bekleed met rode baksteen, met daarboven koepeltorens met vergulde lantaarns. Het interieur wordt gedomineerd door beschilderde granietzuilen en een prachtige vergulde iconostase. Het is een bijzondere ervaring om hier een keer een orthodoxe kerkdienst bij te wonen. Vanaf het terras heb je een mooi uitzicht over de noordelijke haven en in westelijke richting op het centrum van de stad.

Vlak bij de Oespenskikathedraal kun je overigens ook op culinair gebied het thema Rusland verkennen. Het restaurant **Bellevue** 1 bestaat al sinds de tijd van de tsaar (1917) en geldt als het oudste Russische eethuis van Finland. De entourage is chic en aangenaam terughoudend wat het folkloristisch decor betreft.

Casino met een verleden

Echt mooi wordt het als je van het terras bij de kathedraal afdaalt naar de sfeervolle wijk langs de kade van de noordelijke haven. Daar zie je de rode bakstenen van diverse gerestaureerde **havenpakhuizen** 2 uit de 19e eeuw, waarin zich nu chique restaurants hebben gevestigd. Pal aan het water voert de Laivastokatu iets verder oostwaarts naar het lichtgroene **Katajanokka Casino** 2 (Katajanokan Kasino) in een voormalig pakhuis dat al in 1911 werd verbouwd tot casino voor de marineofficieren van de Russische keizer-

F
FILMS

Filmliefhebbers opgelet! Toen de Hollywood-producenten vanwege de Koude Oorlog geen toestemming kregen voor opnames in de Sovjet-Unie, vonden ze op Katajanokka een perfect 'Russische' draailocatie voor spionage- en andere films. Hier een paar Leninbeelden en rode vlaggen als decor, daar enkele cyrillische opschriften en Russische auto's – en de filmsteren leken in Moskou of Leningrad te zijn. Op deze manier zijn grote delen opgenomen van bekende films als *The Kremlin Letter*, *Telefon*, *Reds* en *Gorky Park*.

Alsof het een stukje van Rusland is: de Russisch orthodoxe religie in de Oespenski-kathedraal

▶ INFO

Tramlijn 4 is vooral voor liefhebbers van architectuur aan te bevelen als vervoermiddel. Vanaf de zuidelijke eindhalte, de marinekazerne op Katajanokka, rijdt deze langs de ijsbrekers, jugendstilgebouwen en de Oespenskikathedraal naar het Senaatsplein, dan over de Mannerheimintie met zijn representatieve gebouwen naar Seurasaari en de wijk Munkkiniemi. Daar kun je onder andere het Aalto-Huis en de Aalto Studio gemakkelijk te voet bereiken. Het eindstation van tramlijn 4 ligt bij Hotel Kalastajatorppa.

lijke vloot. Tijdens de Maartrevolutie van 1917 werden de officieren in de feestzaal geëxecuteerd door de rebellerende soldaten. Enige tijd later wapperde op het dak de zwarte vlag van de anarchisten. Tegenwoordig is hier een populair restaurant met caféterras te vinden.

IJsbrekers

De route langs de noordkust voert langs huizen van omstreeks 1900 die op een rots staan. Vervolgens beland je in een meer maritieme omgeving met aanlegsteigers waar grote schepen opdoemen. Deze maken deel uit van de **vloot van Finse ijsbrekers** 3, die hier gedurende de zomer aan de noordkust liggen. In het winterseizoen houden ze de scheepvaartroutes in de Finse en de Botnische Golf open.

Iets zuidelijker staat het voormalige lazaret van de **marinekazerne** 4, met aan de rechter- en linkerzijde grote kazernes voor matrozen en soldaten, die hier in 1820 op de kale rots werden gelegerd. Bij de onrust en revoluties van 1906 en 1917 werd hier op bloedige wijze geschiedenis geschreven. Nu is hier het ministerie van Buitenlandse Zaken gehuisvest. Op de oostpunt van het schiereiland kun je heerlijk wandelen in een groengebied met zeezicht. In het midden kent **Hotel Katajanokka** 1 (▶ blz. 88) een veelbewogen verleden als voormalige districtsgevangenis.

Prachtig uitzicht! In de SkyWheel, eventueel ook met sauna

OM DE HOEK

Een kuurlandschap in de stad

Aan de rand van de markt en aan de voet van het reuzenrad **SkyWheel** 1 heeft de in 2016 geopende **Allas Sea Pool** 2 een perfecte ligging. Waar vroeger een kale vlakte van zwart asfalt weinig interessants bood, staat nu een deels drijvend houten complex van enkele verdiepingen met terrassen, restaurants, cafés, het 'Oostzeecentrum', een kuurlandschap met een zoutwater- en twee verwarmde zoetwaterbassins en uiteraard sauna's. Het hele jaar door kunnen Helsinkiërs en toeristen hier zwemmen of de bassins gebruiken als onderdeel van de sauna. Pal ernaast neemt **Flytour** 3 bezoekers mee op een virtuele 4D-vlucht langs de grootste bezienswaardigheden van de stad.

Oud en nieuw – **tussen de noordkust en Kallio**

#9

Een chique kustweg, een idyllische eilandsfeer met meeuwengekrijs, caféterrasjes, bruggen, een markt en een arbeiderswijk die grote veranderingen doormaakt – de wandeling van de noordkust naar Kallio geeft een veelzijdig en afwisselend beeld van Helsinki te zien.

Het beste uitzicht op de kustweg Pohjoisranta (= noordkust) heb je van het terras van de **Oespenskikathedraal** (▶ blz. 48). Daarbij is te zien dat deze avenue wordt gekenmerkt door stedelijke bebouwing uit de periode rond 1900, met torentjes, erkers en veel versieringen. Prachtig is 's zomers het uitzicht op de zeilboten en plezierjachten die aan **Halkolaituri Pier** 1 liggen, met daarachter de bebouwde rotsen van Katajanokka en het eiland Korkeasaari. Het plaatje zou nog mooier zijn als er in het noorden geen steenkoolbergen en schoorstenen waren.

Even geen drukte! Kallio's imago als arbeiderswijk is achterhaald en verdwijnt met elke cappuccino steeds verder uit het zicht.

INFO EN OPENINGSTIJDEN

Ruiskumestarin talo 3: Kristianinkatu 12, tel. 093 107 15 49, www.ruiskumestarintalo.fi, juni-dec. wo.-zo. 11-17 uur, gratis

Kalliokerk 6: Itäinen papinkatu 2, tel. 09 23 40 36 20, ma.-vr. 7-21, za.-zo. 9-19 uur

Teurastamo 1: Työpajankatu 2, www.teurastamo.com, dag. 24 uur

ETEN EN DRINKEN

Het op een eiland gelegen restaurant **Savu** 1 is gevestigd in een twee eeuwen oud pand van rood geschilderd hout. In een rustiek interieur serveert men gerookte specialiteiten; ook is er een winkeltje met kunstnijverheid (Tervasaarenkannas 3, tel. 09 74 25 55 74, www.ravintolasavu.fi, bus 16, 17, 18N, juni-aug. ma.-za. 12-23, zo. 13-18, sept. di.-za. 18-23 uur, tweegangenlunchmenu € 29, hoofdgerecht € 23-35). Goedkoper is **Onda** 2 op Hämeentie 13B. De sfeer is hier wat hipper, het eten lekker, de muziek relaxt (► blz. 97). Voor liefhebbers van de wereldkeuken zijn er **Sandro** 3 (► blz. 97) en **Café Bergga** 4 (Viides Linja 14, www.bergga.fi, ma.-vr. 7.30-22, za. 10-22, zo. 10-20 uur) nabij het Karhupuisto (berenpark) met Caribisch geïnspireerde gerechten, salades en meer.

Uitneembare kaart: G-J 2-4 | **Tram** 3, 6/6T, 7, 9, **Metro** Hakaniemi, Kaisaniemi

Van zwart teer naar groene oase

Ter hoogte van het schaduwrijke park Liisanpuistikko is vanaf de Pohjoisranta het teereiland, **Tervasaari** 2, te voet te bereiken over een lange dam Op het eilandje hadden handelaars in de 16e eeuw een teeropslagplaats. Nu vind je er een mooi park met het populaire restaurant **Savu** 1. Alleen al het uitzicht is de wandeling waard. In de Liisankatu, die van de noordkust westwaarts loopt, zijn tal van huizen een fraai voorbeeld van jugendstil of functionalisme. In de parallelstraat Kristianinkatu zie je nog iets bijzonders: het **Ruiskumestarin talo** 3 uit 1818 is het oudste bewaard gebleven houten huis van Helsinki.

Aan het westeinde van de Liisankatu siert een vergulde uienkoepel het vijf verdiepingen hoge **gebouw van de orthodoxe geloofsgemeenschap** 4 (1905) met priesterwoning en kapel. De winkel ernaast verkoopt heiligenbeelden, religieuze literatuur en ansichtkaarten.

De **Lange brug** 5 (Pitkäsilta), die eigenlijk vrij kort is, markeerde vroeger de grens tussen het Helsinki van de burgerij en de arbeiderswijk Hakaniemi. Aan het luxueuze Hilton Hotel en de vele panden met glazen façades is echter wel te zien dat er in Hakaniemi geen sprake meer is van een proletarisch milieu.

De voormalige eenvoudige woningen met modderige achtertuinen schitteren nu als opgeknapte kasteeltjes van graniet. En het uitzicht op het water, de aanlegsteigers, het park en het strand maken dit deel van de wijk tot een zeer gewilde locatie. **Hakaniementori** 1 (▶ blz. 101), het grote marktplein van Hakaniemi, wordt omringd door kantoorpanden, banken en hotels.

In Kallio vind je de opvallendste cafés en restaurants van de stad. Echt de moeite waard om eens te proberen!

Hoger en hoger

Aan de noordkant loopt het terrein vanaf het Hakaniementori licht omhoog en leidt regelrecht naar de wijk Kallio ('rots, berg'), die vroeger ook een arbeiderswijk was – dat kunnen de huizenrijen niet verhullen. Nu is het een levendige jonge wijk, trendy en alternatief, die ook wat goedkoper is dan de traditionele stadsdelen.

Op Kallio's hoogste punt is de toren van de in 1912 gebouwde **Kalliokerk** 6 (Kallion kirkko) al van ver te zien en is daarmee een vast onderdeel van de skyline. De kerk van grijs graniet is een prachtige vertegenwoordiger van de stijl van de nationale romantiek. Vanaf het terras heb je een mooi uitzicht in zuidelijke richting tot aan de Oespenskikathedraal, waar de wandeling begon.

OM DE HOEK

Culinair in het oude slachthuis

De naam **Teurastamo** 1 ('slachthuis') klinkt nogal heftig. In het gebouw van rode baksteen werd inderdaad vroeger vee gedood en verwerkt voor consumptie. Maar sinds 2012 is hier, aan de noordoostkant van Kallio, een culinair en cultureel centrum gevestigd met gave restaurants, evenementen, concerten, streetfoodfestivals, markten en actuele foodtrends. **BSmokery** trad bijvoorbeeld op bij het populaire Restaurant-Day. Waar oude fabrieksschoorstenen nog iets van industrie laten zien, kun je nu op de ligweide heerlijk picknicken en ontspannen.

E ETEN

Voor de lunch kun je uitstekend terecht in de de **Hakaniemimarkthal** (ma.-vr. 8-20, za. 8-18 uur) vlak bij het metrostation Hakaniemi. In de zomer is er op zondag altijd wel antiek te vinden op de vlooienmarkt van het Hakaniementori.

#10

Wit steen en blauw water – **rond de Töölöbaai**

Al in de jaren 50 waren er plannen om rond het blauwe water van de Töölöbaai het centrum van het nieuwe Helsinki te laten verrijzen. Pas de laatste tijd zijn de spectaculaire projecten die werden bedacht ook echt gerealiseerd.

Tussen de Mannerheimintie met zijn drukke verkeer en de Töölöbaai, niet ver van het Parlement en schuin tegenover het Nationaal Museum, verheft zich midden in een klein park het **Finlandiahuis** 1 (Finlandiatalo) met zijn markante contouren. Dit complex van wit carraramarmer en grijs graniet is een van de opmerkelijkste oriëntatiepunten van de hoofdstad. Het bouwwerk werd voltooid in 1971 en vervolgens in 1975 nog uitgebreid. Tot in de kleinste details draagt

Alsof het is aangelegd voor performances en kunstactiviteiten: het plein voor de witmarmeren façade van het Finlandiahuis.

het de signatuur van zijn bouwer Alvar Aalto (▸ blz. 81). Als je interesse voor architectuur hebt, kun je buiten de concerttijden een kijkje nemen in het complex tijdens een rondleiding met gids. De foyer en de exposities van galerie Veranda zijn vrij toegankelijk.

Architectuur als een uitroepteken

De **Nationale Opera** 2 (Suomen kansallisooppera, ▸ blz. 108) is het volgende symbool van het nieuwe Helsinki. Dit in 1993 voltooide operagebouw staat als een groot wit uitroepteken te midden van een parklandschap rond het meer. Vanwege geldgebrek was de bouw van deze opera met een gevel helemaal van glas aan de kant van de Töölöbaai in die tijd omstreden. Het culturele belang kon zich echter staande houden tegenover de economische overwegingen. Met zijn experimentele podium en diverse ballet-, repetitie- en koorzalen is het operagebouw niet meer uit het culturele leven van de hoofdstad weg te denken. In de Nationale Opera worden zowel klassieke als moderne opera's en balletstukken opgevoerd. De prijzen zijn niet al te hoog, maar veel voorstellingen zijn vaak lang van tevoren uitverkocht – dus tijdig kaartjes bestellen.

Trainen onder de bomen

Voorbij de opera kun je ook even een kleine omweg naar links maken, waar in de wijk aan de overkant van de Helsinginkatu dicht bij elkaar enkele indrukwekkende sportaccommodaties en arena's liggen. Het complex wordt omgeven door dennen, sparren en afgesleten granietrotsen, die de grote stad ver weg doen schijnen – het is hier een en al natuur. Geheel in de sfeer van de sport staat bij de toegang het door Wäino Aaltonen gecreëerde **Nurmibeeld** 1, dat herinnert aan een icoon in de Finse sportwereld. De langeafstandsloper en volksheld Paavo Nurmi (1897-1973), wiens vergulde schoenen in het nabijgelegen sportmuseum worden bewaard, deed in de jaren 20 van de 20e eeuw driemaal op diverse onderdelen mee aan de Olympische Spelen en won daarbij negen gouden en drie zilveren medailles – overigens niet naakt, zoals het beeld.

Iets verderop staat ook het beeld van de langeafstandsloper Lasse Viren (geb. 1949). Vanaf

P
POLITIEK

Het **Finlandiahuis** is niet alleen een gaaf concertgebouw, het bood in 1973 ook onderdak aan de eerste Conferentie voor Veiligheid en Samenwerking in Europa. Hieraan werd deelgenomen door vijftien NAVO-landen, zeven landen van het Warschaupact en dertien neutrale landen. De slotverklaring van de conferentie, de zogeheten Helsinki-akkoorden, bevatte ook een verklaring over mensenrechten. Hierop konden de vrijheidsbewegingen in de Oostbloklanden zich later beroepen. Twee jaar na de conferentie werd deze omgezet in de Organisatie voor Veiligheid en Samenwerking in Europa (OVSE).

Finlandiahuis

INFO EN OPENINGSTIJDEN

Finlandiahuis 1: Mannerheimintie 13, tel. 09 402 41, www.finlandiatalo.fi, informatiebalie, caféterras en galerie Veranda ma.-vr. 9-19 uur, rondleiding € 16

Wintertuin 4: Hammarskjöldintie 1, di. 9-15, wo.-vr. 12-15, za.-zo. 12-16 uur, gratis

Linnanmäki 6: Tivolikuja 1, tel. 010 572 22 00, www.linnanmaki.fi/en, nov.-apr. gesl., rest van het jaar wisselende openingstijden (check online), dagkaart € 39

Sea Life 7: Tivolitie 10, tel. 095 65 82 00, www.visitsealife.com, dag. 10-17, wo./za. tot 19 uur, € 16,50, kinderen 3-14 jaar € 13

ETEN EN DRINKEN

Aan de Töölöbaai vind je volop gelegenheid om wat te drinken en te eten. Op een mooie zomerdag zit je het mooist op het terras van het café **Sininen Huvila** 1 (Linnunlauluntie 11H, tel. 050 408 08 16, www.sininenhuvila.weebly.com, 's zomers dag. 10-22 uur). Een kleurig beschilderde koffiepot wijst de weg naar het blauwe houten huisje, dat iets verscholen in het bos boven de kust troont. Het fantastische uitzicht op de fraai bouwwerken aan de overkant van de baai past uitstekend bij de heerlijke taart.

Uitneembare kaart: E-G 1-4 | **Tram** 2, 7A/7B, 4, 8, 10

In brons gestolde dynamiek: Paavo Nurmi, de weergaloze Finse Olympiër. En waar is zijn plaats beter dan voor het Olympisch Stadion?

de plek bij het Nurmibeeld (of beter: vanaf de heuvel rechts ervan) heb je een goed zicht op het **Olympiastadion** 2, dat al voor 1940 was gepland en grotendeels voltooid. Door de Tweede Wereldoorlog vervielen echter de Olympische Spelen van dat jaar. Pas in 1952 werden ze hier alsnog gehouden. Het complex is de grootste sportarena van het land. Dat het uiterst modern voor zijn tijd was, blijkt bij een vergelijking met andere olympische stadions uit ongeveer die periode. Het als monument beschermde stadion, dat ruimte biedt aan 40.000 toeschouwers, wordt uitvoerig gerenoveerd tot 2020 en krijgt een overkapping. Tijdens de renovatie blijven alle instellingen hier gesloten, waaronder ook het Sportmuseum en de markante, 72 m hoge **uitkijktoren**.

Voor elk seizoen

In de nabije omgeving zijn nog tal van andere sportlocaties te vinden, zoals de moderne **Telia 5G-areena**, het **IJsstadion** (Jäähalli), het **Zwemstadion** en enkele voetbalterreinen. Als je van deze sportarena's te midden van het groen een paar honderd meter in zuidoostelijke richting wandelt, kom je bij het idyllische **Eläintarhapark** 3 (Eläintarhan puisto) dat eind 19e eeuw werd aangelegd en is getooid met enkele sculpturen. In het midden zie je de constructie van ijzer en glas van de mooie **Wintertuin** 4 uit 1893. Hiervoor loopt het terrein met rozentuinen en andere bloemperken die in terrasvorm zijn aangelegd, geleidelijk omlaag naar de Helsinginkatu en de Töölöbaai.

Alles in één blik te overzien

Langs de oostkust voert een verhoogd pad met een prachtig uitzicht op waterfonteinen en verder op het Parlement, het Finlandiahuis, de Nationale Opera en het Nationaal Museum. Nu begrijp je meteen waarom de Töölöbaai in de stedelijke planning van Alvar Aalto en anderen zo'n belangrijke rol werd toebedacht. Overigens staan er aan deze kant, in de wijk Linnunlaulu, vrijwel geen representatieve gebouwen. Maar je ziet er wel tal van statige, fraai gerestaureerde houten villa's, zoals oude **kapiteinshuizen** 5 en het sfeervolle café **Sininen Huvila** 1. Aan het eind kun je via een voetgangersbrug de spoorlijn oversteken en in de richting van het Hakaniementori lopen. Of je blijft aan deze kant en wandelt zo door naar het beginpunt van de tocht, het **Finlandiahuis**.

OM DE HOEK

Hoog in de lucht en diep in zee

Ten oosten van de spoorbaan hoor je al van ver het gejuich en het gekrijs van de bezoekers van het recreatiepark **Linnanmäki** 6. Met meer dan veertig attracties trekt het park een groot publiek. Het populairst is nog altijd de houten achtbaan uit 1951. De prijzen per attractie zijn gepeperd, maar de toegang tot het park zelf is gratis, en ook vanaf de panoramatoren kun je gratis rondkijken. Bij slecht weer kun je vlakbij in **Sea Life** 7 meer te weten komen over de geheimen van de zee.

S
SPORTIEF

Voor de nodige beweging: je kunt bij de Töölöbaai langs het water joggen, onder bomen wandelen en tussendoor een potje schaken met grote stukken in het Hesperiapark. Verder kun je ook nog heerlijk picknicken, zonnebaden, eendjes voeren, fietsen, met een kano over het water varen of op de schaats over het ijs glijden – afhankelijk van het seizoen – terwijl je geniet van een fantastisch uitzicht op de gebouwen om je heen. Kajaks, SUP-boards en bootjes zijn te huur op de zuidpunt van de baai bij Hakuna Matata.

Karamzininranta 4, www.hakunamatata-sup.fi, tel. 040 140 77 05, mei-sept. dag. 9-22 uur, afhankelijk van het weer, 1 uur € 15/20 per persoon, 2 uur € 25/30, elk uur meer € 5 extra

11

Strand, jugendstil en panorama – **Kaivopuisto en Eira**

Lekker ontspannen door het uitgestrekte Kaivopuistopark wandelen, naar de zeilboten op de Merisatamabaai kijken en in de wijk Eira de vele jugendstilgevels bewonderen – op het schiereiland ten zuiden van het Kauppatori komen vooral wandelaars, natuurliefhebbers en architectuurfans aan hun trekken, maar sinds kort ook saunaliefhebbers.

In de ijskoude winters van Helsinki wordt alles relatief. Kun je het park Kaivopuisto dan nog wel een groenvoorziening noemen?

Ten zuiden van het Kauppatori en de Oude markthal steekt een zacht glooiend, overwegend groen schiereiland uit in de Oostzee en scheidt de zuidelijke van de westelijke haven. Dit gebied is de bestemming van een tocht die het karakter van de Finse hoofdstad op zijn mooist accentueert: de nauwe verstrengeling van natuur en cultuur, en van land en water. Slechts een stratenblok verder achter de Oude Markthal begint de wandeling omhoog naar de zeker niet steile Observatoriumheuvel, en de **Duitse Kerk** 1 (Saksalainen kirkko). Dit godshuis is een geliefde locatie

voor huwelijksplechtigheden. Rechts ervan zie je het **monument voor de schipbreukelingen van de Habsburg**. Dit is een van de drie monumenten op deze route die zijn gewijd aan de ondergang van een schip

Kijk in de verte

De wandeling voert nog iets hoger de **Observatoriumheuvel** (Tähtitorninvuori) op, die wordt omringd door een prachtig park, een van de oudste van de stad. In het park zie je hoge bomen, monumenten en bankjes, maar ook interessante bouwwerken, zoals het door C.L. Engel ontworpen en in 1833 voltooide **Observatorium** 2 (Helsingin Observatorio). Dankzij de hoge ligging heb je een bijzonder mooi uitzicht over de stad, de haven en de eilandjes voor de kust. 's Avonds zie je hier de grote veerboten manoeuvreren die op weg gaan naar Tallinn of Stockholm. Het beste uitzicht heb je vanaf het terras achter het tweede **monument voor schipbreukelingen**. Fantastisch is ook het uitzicht op het schiereiland Katajanokka, dat door de avondzon in een unieke gloed wordt gezet, en op de **Olympiakade** 3. De panden van geel baksteen werden hier gebouwd voor de Olympische Spelen van 1952.

Lekker ontspannen

Van de Observatoriumheuvel ga je omlaag naar de Ullankatu, waar de **Russische ambassade** 4 (Venäjän Federaation Suurlähetystö Suomessa) staat, een imposant gebouw uit 1952 van graniet en kalksteen. De bouw van dit pand maakte deel uit van de Finse herstelbetalingen aan de Sovjet-Unie. Iets verderop staat de **Sint-Henrikskerk** 5 (Pyhän Henrikin katedraali, 1860), een van de weinige kerken in Finland van de rooms-katholieke kerk, die hier met zo'n 15.000 leden een minderheid vormt. Ertegenover staat een door Eliel Saarinen in 1916 ontworpen marmeren paleis, dat ooit de residentie was van een industrieel en waar nu de rechtbank voor arbeidsrecht zetelt. Tussen beide gebouwen ligt de Iso Puistotie, de grote laan die recht door het **Kaivopuistopark** naar de zee leidt. Het grootste en misschien ook mooiste park van Helsinki is voortgekomen uit een groot kuuroord dat hier in de 19e eeuw voor de Russische elite werd aangelegd. Oeroude bo-

O OVERIGENS

In het zomerseizoen kun je eilandhoppen langs de omringende scheren (vanaf de **waterbusterminal**). Je kunt er ook heerlijk wandelen en zwemmen – en misschien nog iets eten of drinken. In de zomer kun je terecht op het eiland Sirpalesaari bij het restaurant **Saari** 3 (www.ravintolasaari.fi), op Liuskasaari bij het **HSS Paviljong** 4 (www.hsspaviljong.fi) en het pizzarestaurant **Skiffer** en op Uunisaari bij **Uunisaari** 5 (www.uunisaari.fi).

Niet alleen voor stille genieters – in de zomer vind je in de parken van Helsinki tal van openluchtpodia voor dansers, barbecueplaatsen en evenementen.

Uitneembare kaart: G-J 6-7 | **Tram** 1, 3, 10

ETEN EN DRINKEN

Kaivohuone ❶: Iso Puistotie 1, www.kaivohuone.fi, mei-aug. wo., vr.-za. 20-4 uur, terras ma.-zo. vanaf 12 uur
Je kunt van een mooi uitzicht op de scheren genieten onder het parasoldoek van **Café Ursula** ❷ (Ehrenströmintie 3, tel. 09 65 28 17, www.ursula.fi, ma.-za. 9-18, zo. 9-17 uur, hoofdgerecht € 10-25). Waar nu veel mussen en eenden op wat kruimels van de heerlijke taart hopen, stond vroeger het kuurbad van Kaivopuisto.

men wisselen af met grasvelden, grote rotsen tekenen zich af tegen de blauwe Oostzee, die vanaf vele plekken te zien is. Zowel toeristen als Helsinkiërs maken gebruik van de picknickplaatsen en de speelvelden, en genieten van de openluchtpodia, de restaurants en de zomerterrassen. Het kuuroord raakte in de Tweede Wereldoorlog beschadigd door bombardementen, maar overal zijn nog resten te zien van de oude kuurinstellingen, zoals de oude drinkhal **Kaivohuone** ❶. Hier heerst nu 's zomers een levendige drukte met een jong publiek en geregeld muziekevenementen. Het belangrijkste oriëntatiepunt in het park is het **Observatorium Ursa** 6 (Ursan tähtitorni), dat kleiner is dan dat op de Observatoriumheuvel. Maar het staat wel op het hoogste punt in het park en is daardoor van alle kanten goed te zien.

De zee geeft en de zee neemt

In de richting van de zee wandel je door een parklandschap. Aan het water zie je een kustpromenade en aanlegsteigers en in de baai de **Eiranranta** ❶, een mooi zandstrand. En overal kijk je uit op zee, scheren en Suomenlinna (► blz. 74). Na een korte wandeling kom je bij de **jachthaven** 7 aan de baai **Merisatama.** 's Zomers liggen hier talloze plezierbootjes voor anker, 's winters worden ze geborgen op de groenstrook.

Aan het eind van de kade vind je de **waterbusterminal** ❷ voor de verbinding met Pihlajasaari en daarnaast staat het derde **monument voor de slachtoffers van de zee**. Rechts daarvan kun je in de zomer een Finse gezinsactiviteit bewonderen, het wassen van tapijten op speciaal daarvoor gebouwde steigers.

Jugendstil en Bijbel

Iets landinwaarts kom je bij **Villa Ensi** 8 in de wijk **Eira**, die grotendeels van 1904 tot 1914 is aangelegd en als het jugendstilparadijs van Helsinki geldt. Als je genoeg gelopen hebt, kun je vanaf het **Eiraziekenhuis** 9 (Eiran Sairaala; Lars Sonck, 1905) met tram 3 teruggaan naar het centrum – maar misschien wil je toch eerst nog een kijkje nemen bij de **Agricolakerk** 10 (Mikael Agricolan kirkko) uit 1935. De naam verwijst naar de Finse hervormer Mikael Agricola (1509-1557) uit de school van Luther. Hij geldt als de vader van de Finse literatuur. Hij vertaalde het Nieuwe Testament in het Zuid-Fins, dat zo een schrijftaal werd.

OM DE HOEK

Design tussen de stoom

Op **Hernesaari** (Erwteneiland) bij het zuidelijkste punt van Helsinki staat sinds 2016 het designsaunacomplex **Hernesaaren Löyly** ❸. Het geheel met hout beklede gebouw trekt de aandacht met zijn architectuur, maar achter het moderne uiterlijk vind je een oeroude Finse traditie: de drie sauna's, waaronder een rooksauna, worden nog met hout gestookt. Op het grote dakterras heb je een fenomenaal uitzicht over de stad en de zee. En het beste: na de sauna kun je meteen een duik nemen in de Oostzee (Hernesaarenranta 4, www.loylyhelsinki.fi, sauna ma.-wo. 16-22, do. 13-22, vr.-za. 13-23 en za. 8-10, zo. 13-21 uur, € 19 voor 2 uur, restaurant ma.-za. 10-24, zo. 10-22 uur). Pal ernaast biedt het party- en zonstrand **Hernesaaren Ranta** met bars, restaurants en ligplaatsen een fantastische mix van vermaak en ontspanning. Een beetje onwerkelijk is het wel om langs zand en palmbomen uit te kijken op Helsinki...

Met een vormgeving van jugendstil of het functionalisme – de gevels in de wijk Eira zijn een lust voor het oog.

O OVERIGENS

In de **villawijk Eira** is duidelijk te zien dat deze stijlperiode in Helsinki tot heel andere resultaten heeft geleid dan in bijvoorbeeld Wenen, Riga en Brussel. In de toepassing van vormen, motieven en kleuren bleef men hier vrij terughoudend zoals de Finnen dat meestal zijn. Er wordt wel gezegd dat de mooiste jugendstilpanden in de kleine, zeewaarts lopende **Huivilakatu** staan. Of deze straat of de Kapteeninkatu of de Laivurinkatu de zuiverste voorbeelden van de jugendstil heeft en wat precies de nuanceverschillen tussen de jugendstil en de Finse nationale tijl zijn, mag ieder voor zich uitmaken.

#12 Een tempel in de rots – **rond Hietaniemi**

Een zandstrand, een begraafplaats, musea en doodgewone woonwijk – dat kun je verwachten bij een wandeling door een stadsdeel dat alles van natuur tot cultuur in zich verenigt. De vrij onbekende wijk Etu-Töölö, waar de beroemde Tempelkerk staat waarvoor met springstof ruimte werd vrijgemaakt uit het Finse graniet, strekt zich van de Mannerheimintie tot aan het schiereiland Hietaniemi.

Pal achter het **Kamppicomplex** (▶ blz. 40) staat de fraai gewelfde hal die **Tennispalatsi** 1 heet omdat hier ooit vier tennisbanen lagen. Na jaren van verval kon men het complex renoveren en een andere bestemming geven. Het witte bouwwerk in zuiver functionalistische stijl opende oorspronkelijk zijn deuren in 1938, in aanloop op de geplande Olympische Spelen van 1940. Toen deze eindelijk in 1952 alsnog werden gehouden, was het 'Tennispaleis' de arena voor basketbalwedstrijden. Boven de bioscoop – gehuld in de geur van verse popcorn – presenteert het

Niet alleen mooi om te zien: de koepel met koper van de Tempelkerk zorgt als klankbord voor een optimale akoestiek.

Helsinki Art Museum (HAM) op de twee bovenste verdiepingen eigentijdse Finse en internationale kunst, installaties en happenings. Interessant is zeker ook de permanente expositie, waar de Fins-Zweedse kunstenares Tove Jansson zich van een heel andere kant laat zien dan met haar beroemde Moemincultfiguur.

Wereld onder de grond

Van het Centraal Station tot aan de Westhaven (Länsisatama, ▶ blz. 66) wordt het stadsbeeld doorsneden door een 5 m diepe groeve – een overblijfsel uit de tijd dat hier een spoorlijn liep voor het vervoer van goederen naar de haven. Nadat in 2008 het scheepstransport was verlegd naar de omgeving van Vuosaari, was deze spoorlijn voor goederenvervoer overbodig geworden. In 2012 werd hier een 1,5 km lange, diepgelegen corridor voor voetgangers en fietsers aangelegd: de Baana (Fins voor spoorlijn).

Over de Baana ligt ook een brug; als je deze oversteekt en rechts aanhoudt, kom je bij het **Natuurhistorisch Museum** 2 (Luonnontieteellinen Museo), een fraai gebouw in neorenaissancestijl. De bezoeker wordt begroet door een bronzen eland die voor het museum staat en twee giraffen op het balkon. Binnen vind je een omvangrijke en ook voor kinderen interessante collectie die je meeneemt op een reis door de Finse natuur of door het verloop van de evolutie sinds de oerknal.

Icoon van Helsinki's architectuur

Via de licht omhooglopende Fredrikinkatu bereik je de **Tempelkerk** 3 (Temppeliaukion kirkko), die ook wel 'Rotskerk' wordt genoemd. Vanbuiten is de vlakke koepel nauwelijks te zien, en ook de ingang met de discrete charme van een ondergrondse garage doet niet vermoeden welke fantastische ruimtelijke werking het interieur biedt: de ruwe rotssteen, een door betonribben gedragen koepel van koperdraad en een sobere inrichting bieden een imposant decor voor de steeds veranderende lichtval. Terecht geldt deze moderne kerk als een van de mooiste van Scandinavië. De kerk is het resultaat van een architectuurprijsvraag waarbij men voor de opgave stond een nieuw te bouwen godshuis aan

▶ FILM

Onder het dak van het HAM vind je ook de **bioscoop Tennispalatsi**, de grootste bioscoop van het land. In de veertien zalen worden de actuele kaskrakers en topfilms meestal in de oorspronkelijke taal getoond (met uitzondering van kinderfilms). Vaak is er een dubbele ondertiteling: in het Fins en ook in de tweede landstaal, het Zweeds.

S SPINNEN

Wie een fobie voor spinnen heeft: opgepast! Het **Natuurhistorisch Museum** wordt niet alleen door opgezette spinnen, maar ook door levende bevolkt. In 1963 werd in de kelders voor het eerst de exotische spinnensoort *Loxosceles laeta* gezien. Vermoedelijk is deze giftige spin uit Zuid-Amerika als verstekeling op een schip meegekomen naar het koude noorden Deze soort kan het zeer lang zonder water en voedsel stellen, en daarom is het moeilijk ze helemaal uit te roeien. Maar wees gerust: de beestjes leven teruggetrokken in het donker en er is weinig kans dat je door een spinnenbeet muteert tot Spiderman.

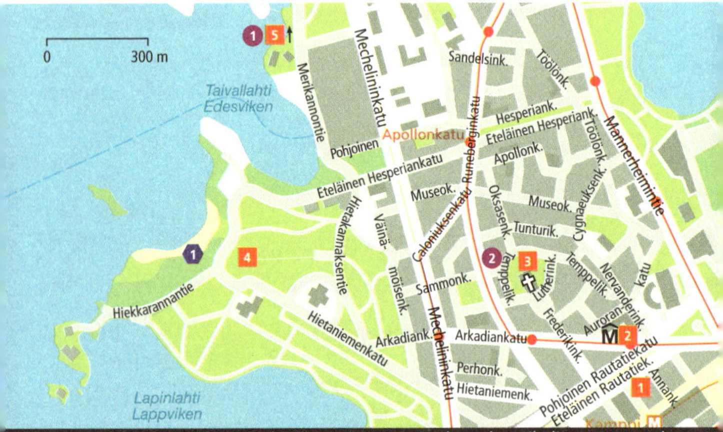

Uitneembare kaart: D-F 3-5 | **Tram** 1, 2, 8, **Bus** 24 (naar het Sibeliusmonument)

INFO EN OPENINGSTIJDEN

Tennispalatsi 1
HAM Kunstmuseum: Eteläinen Rautatiekatu 8, tel. 09 31 08 70 03, www.hamhelsinki.fi, di.-zo. 11-19 uur, € 12/10, tot 18 jaar gratis, enkele exposities gratis, za. veel rondleidingen in het Engels (bij het kaartje inbegrepen)
Bioscoop Tennispalatsi: Salomonkatu 15, www.finnkino.fi/eng/cinemas/helsinki_tennispalatsi, € 7,50-15,50 (variërend per dag en tijdstip)
Natuurhistorisch Museum 2: Pohjoinen Rautatiekatu 13, www.luomus.fi, di.-vr. 9-16, do. tot 18, za.-zo. 10-17/16, juni-aug. dag. 10-17, do. tot 18 uur, € 14/11, tot 7 jaar gratis
Tempelkerk 3: Lutherinkatu 3, tel. 09 23 40 63 20, wisselende openingstijden (informeer via tel.), € 3

ETEN EN DRINKEN

Café Regatta 1: Merikannontie 8, dag. 8-21 uur
Cafetoria Roastery 2: Runegerginkatu 31, tel. 010 423 55 70, www.cafetoria.fi, ma.-vr. 8.30-18, za. 11-17 uur. Klein, maar met veelzijdig koffieaanbod, vlak bij de Tempelkerk

Het strand Hieteranta

te laten sluiten bij een door huurflats omringd plein waar in het midden een granietrots lag. Pas in de derde ronde in 1961 vonden de gebroeders Timo en Tuomo Suomalainen met hun concept een originele oplossing: zij gingen niet de hoogte in, maar kozen voor de diepte, en maakten met springstof ruimte vrij voor een kerk in de rots. Het mooist is het in de kerk in de vroege ochtenduren, wanneer de zon onder een lage hoek door de ramen schijnt en de ruimte nog vrij leeg is. Of je kunt er genieten van het fantastische geluid tijdens een van de regelmatig gehouden concerten: vanwege de bijzondere sfeer en de goede akoestiek is de Rotskerk een van de geliefdste concertzalen van het land.

Laatste rustplaats en zandstrand

Hietaniemi – het groene schiereiland, dat aan de westkant van de stad ver uitsteekt in de baai, wordt bijna geheel in beslag genomen door de **Hietaniemibegraafplaats** 4, de grootste van het land. Sinds 1829 is het de laatste rustplaats van veel belangrijke personen uit de Finse geschiedenis. Ten westen van de kapel ligt de afdeling met oorlogsslachtoffers, en hier vind je ook de graven van enkele Finse presidenten, zoals Urho Kekkonen en Paasikivi. Ook andere beroemdheden, zoals Tove Jansson, liggen hier. Interessant is een vergelijking van deze graven met die op de Russisch-orthodoxe, joodse of islamitische afdelingen. Een wandeling buiten de muren van de begraafplaats langs de kust is bijzonder sfeervol. Het schiereiland Hietaniemi is overigens niet voorbehouden aan de doden, het is ook een zeer levendige bestemming voor een dagje uit. Als je de kustweg in noordelijke richting volgt, kom je bij **Hietaranta** 1, het bekendste zandstrand van Helsinki. 'Hietsu' trekt in de zomer vooral jongeren; in het hoogseizoen kun je tussen de zonaanbidders en beachvolleyballers nauwelijks een plaatsje vinden. Een heerlijke plek om een duik in het frisse zeewater te nemen of je op een nabije rots te warmen aan de zonnestralen.

OM DE HOEK

Krap bemeten, gezellig en lekker

Vanaf Hietaniemi kun je een mooie wandeling langs de kust maken naar het **Sibeliusmonument** 5, een van de dingen in Helsinki die je echt moet hebben gezien (je kunt er ook heen met bus 24). Niet ver van het Sibeliusmonument staat op een smalle landtong een rood huisje van hout. Dit 115 jaar oude **Café Regatta** 1 is niet alleen volgestouwd met prullaria uit voorbije tijden, maar zit meestal ook tjokvol met gasten, die dan maar een beetje moeten inschikken. De ovenwarme *korvapuustit* (kaneelkoekjes) maken de krappe ruimte meer dan goed. 's Zomers kun je prachtig buiten zitten met uitzicht over de baai. Verder kun je barbecuen met worstjes boven een kampvuur. Als je een goede conditie hebt, wandel je daarna verder noordwaarts langs de mooie kust naar Seurasaari (► blz. 70)

M
MUZIEK

Het abstracte **Sibeliusmonument** ter ere van de beroemdste componist van Finland, **Jean Sibelius**, riep na de onthulling in 1967 aanvankelijk veel weerstand op. De kunstenaar Eila Hiltunen kwam aan de kritiek tegemoet door aan het abstracte werk een conventionele buste van de musicus toe te voegen. De meer dan zeshonderd gelaste en gepolijste stalen buizen verwijzen naar orgelpijpen, maar Sibelius heeft nooit voor orgel gecomponeerd. Het monument zou eigenlijk eerder aan boomstammen moeten doen denken, omdat de noordse natuur een inspiratiebron voor zijn muziek was.

Het mooist is het hier in de vroege avond, wanneer de buizen in een rode gloed staan en de fotograferende toeristen verdwenen zijn. Vaak blaast de wind door de holle buizen – hoor je de muziek?

13

Grote vernieuwing – **in Länsisatama**

Op het Hietalahdentori, het marktplein bij de westhaven, toont de Finse hoofdstad zich nogmaals als een metropool met grote en representatieve bouwwerken. Vlakbij maakt de scheepswerf duidelijk waaraan Finland eerder zijn welvaart dankte. Maar de vernieuwing gaat ook hier door. Het grootste cultuurcentrum van Finland is voortgekomen uit de voormalige kabelfabriek van Nokia, en de nieuwe wijk Ruoholahti staat op een voormalig industrieterrein.

Met de tram of te voet ben je via de Bulevardi of de Baana binnen de kortste keren bij de westhaven (Länsisatama), waarmee zowel de haven zelf als de hele wijk wordt bedoeld. De westhaven zoals deze er nu uitziet, is aan het begin van de 20e eeuw ontstaan, toen diverse kleine eilanden door landophogingen werden verbonden met het vasteland. Het gebied aan de rand van de stad maakt door verdere bebouwing, nieuwe bedrijvigheid en betere verbindingen steeds meer deel uit van het centrum van Helsinki.

Klaar met de vernieuwing: ontspannen kijkje op de voormalige werven van Länsisatama.

Van bier naar kunst

Aan het westeinde van de mooie Bulevardi zie je kort nadat je het Alexandertheater uit de jaren 70 van de 19e eeuw bent gepasseerd, aan de linkerkant een groot industriecomplex dat uit rode baksteen is opgetrokken. Dit is de voormalige brouwerij Sinebrychoff, die ooit de oudste brouwerij van heel Scandinavië was. Deze werd in 1819 opgericht door de brouwmeester Sinebrychoff uit St.-Petersburg. De familie Sinebrychoff verzamelde in haar nieuwe vaderland van begin af aan ook kunst. Deze collectie is in 1921 aan de Finse staat nagelaten, en in datzelfde jaar is het **Kunstmusem Sinebrychoff** 1 (Sinebrychoffin taidemuseo) geopend. Sinds 2013 maakt het samen met het Ateneum en het Kiasma deel uit van de Nationale Galerie. Naast de grote collectie met Oude Europese meesters en Russische en Karelische iconen is vooral het museumhuis als hart van de exposities de moeite waard. Het representatieve woonhuis van de brouwersfamilie staat midden in het in Engelse stijl aangelegde **Sinebrychoffpark**.

Volop eetkraampjes

Iets verderop ligt het Hietalahdentori, een van de grootste pleinen van de stad. Aan het plein staan hoge, ontzag inboezemende gebouwen, zoals de voormalige **Technische Hogeschool** 2 uit 1877, die in de Hollywoodfilm *Gorky Park* figureerde als het regeringsgebouw van Moskou. Het plein zelf wordt gedomineerd door de **Hietalahtimarkthal** 1, een uitzonderlijk mooi jugendstilgebouw. Vooral in de zomer is een bezoekje cool, wanneer de vlooienmarkt buiten de hal veel geïnteresseerden trekt. En in de markthal kun je voor alles van soep tot sushi en streetfood wel een kraampje vinden.

Poort naar het oosten

Via de Hietalahdenranta wandel je langs het kleine havenbassin en over de kustpromenade zuidwaarts tot aan de Länsiterminaali (Terminal-West), die sinds de verplaatsing van de containerschepen naar Vuosaari in 2008 vooral in dienst van het toerisme staat: hier liggen de veerboten die bijvoorbeeld naar het pittoreske Tallinn of St.-Petersburg varen. Voortdurend wordt hier

T TALLINN

Met een afstand van minder dan 90 km ligt Tallinn, de hoofdstad van Estland, eigenlijk vlak bij Helsinki. De veerboten Tallink Silja en Eckerö Line varen enkele keren per dag heen en weer van de Länsiterminaali in een rechte lijn over de Finse Golf naar Tallinn, een reis van 2 à 3 uur. Een dagtrip van het moderne Helsinki naar de door een stadsmuur omringde oude kern van Tallinn (UNESCO Werelderfgoed) lijkt wel een reis door de tijd. Je vraagt je misschien af waarom de Helsinkiërs op de boot zoveel tassen en rolkoffers bij zich hebben. Antwoord: de meesten benutten het utstapje naar Tallinn om goedkoop alcoholische dranken in te slaan.

High-Tech-Center

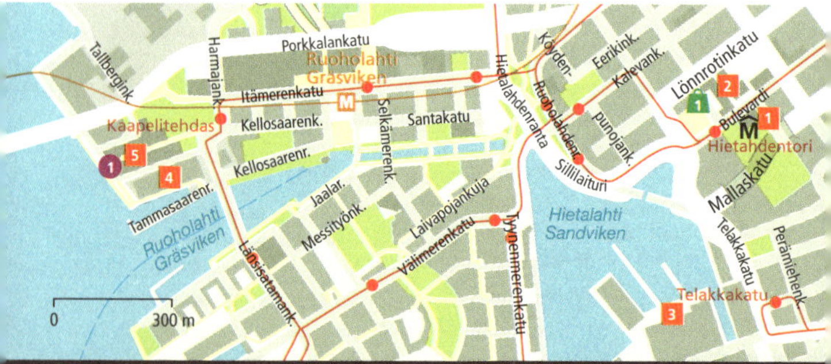

Uitneembare kaart: D-F 6-7 | **Metro** Ruoholahti **Tram** 6/6T, 7, 8, 9, **Bus** 15

INFO EN OPENINGSTIJDEN

Kunstmuseum Sinebrychoff 1: Bulevardi 40, tel. 0294 50 04 60, www.sinebrychoffintaidemuseo.fi, di.-vr. 11-18, wo. tot 20, za.-zo. 10-17 uur, € 12, tot 18 jaar gratis, met de permanente expositie op de 2e verdieping

Oude Nokiakabelfabriek 5: Tallberginkatu 1G, tel. 09 47 63 83 00, www.kaapelitehdas.fi, dag. informatie ma.-vr. 8.30-19, za. 12-16 uur. Bij de informatiebalie (ingang C1) alles over het actuele programma en de openingstijden. Voor de afzonderlijke kunstgaleries neem je ingang B, C, D of E; ingang G leidt naar de drie musea:

Fins Museum voor Fotografie: Kabelfabriek, tel. 09 686 63 60, www.valokuvataiteenmuseo.fi, di.-zo. 11-18, wo. tot 20 uur, € 10, tot 18 jaar gratis

Theatermuseum: Kabelfabriek, tel. 040 192 23 00, www.teatterimuseo.fi, di.-zo. 11-18, wo. tot 20 uur, € 10

Hotel- en Restaurantmuseum: in de Kabelfabriek, tel. 044 747 41 10, www.hotellijaravintolamuseo.fi, di.-zo. 11-18, wo. tot 20 uur, € 8

ETEN EN DRINKEN

Het café-restaurant **Ravintola Hima & Sali 1** in de Kabelfabriek is te bereiken via ingang C en is met zijn bijna 10 m hoge hal een echter aandachttrekker. De keuken biedt onder andere lichte vegetarische gerechten en soepen voor een redelijke prijs (Tallberginkatu 1 C, tel. 09 694 17 01, www.himasali.com, ma.-vr. 8.30-21, za.-zo. 12-19 uur, lunch € 7,50-11).

de blik naar het zuiden getrokken, naar het grote complex van de **Arctech-Helsinkiwerf 3**, die sinds 2014 onderdeel is van de United Shipbuilding Corporation (USC), de grootste scheepsbouwonderneming van Rusland, maar eerder jarenlang bekendheid genoot als de Wärtsiläwerf. Men is hier nu gespecialiseerd in de bouw van ijsbrekers.

Ga lekker zitten als proefzitter.

Paradepaardje van de vernieuwing

Ook aan de andere kaden van de westelijke haven zag men vroeger werven, pakhuizen en kranen, later hoofdzakelijk lege industrieterreinen. Sinds het eind van de 20e eeuw is het havengebied gesaneerd. Hieruit is de wijk Ruoholahti voortgekomen. Oude industrieterreinen, de haven, nieuwe architectuur en het water gaan hier een fraaie verbinding aan. Tegenwoordig wonen hier zowel bijstandtrekkers als ambtenaren, en zijn er zowel innovatieve creatieve bedrijfjes te vinden als fabrieken en haventerminals. Rond de oude Nokiakabelfabriek komt een zakelijk district op met veel hightechbedrijven. Sinds de verbouwing van het Alkogebouw bij het metrostation tot het winkelcentrum Ruoholahti Kauppakeskus (2003) kun je hier ook uitgebreid winkelen.

Voor interessante architectuur kun je een kijkje nemen bij het **High-Tech-Center** 4 (HTC) aan de Tammasaarenkatu. De vijf markante kantoorgebouwen aan het water, die in 2001 werden voltooid, zijn vernoemd naar de schepen van beroemde ontdekkingsreizgers, zoals de Santa Maria van Columbus en de Kon-Tiki van Thor Heyerdal. In dit eerste complex in deze vorm in Finland zijn ongeveer 1500 medewerkers actief in dertig verschillende bureaus voor technische projecten in internationaal verband. De benedenverdiepingen van de drie gebouwen zijn onderling verbonden en hebben een gemeenschappelijk auditorium.

Kabel adieu

Een zeer bijzonder hoogtepunt in Ruoholahti is de **Oude Nokiakabelfabriek** 5 (Kaapelitehdas). Tot 1980 werden in het industriecomplex kabels voor de onderneming Nokia vervaardigd, in 1991 werd het verbouwd tot het grootste cultureel centrum van het land met genoeg om te bezichtigen op een regenachtige dag.

De kabelfabriek biedt momenteel ruimte aan kunstopleidingen, twaalf galerieën en drie interessante musea: het **Fins Museum voor Fotografie** (Suomen valokuvataiteen museo) met wisselende exposities, het **Theatermuseum** (Teatterimuseo) met een combinatie van activiteiten en informatie rond de wereld van het toneel, en het **Hotel- en Restaurantmuseum** (Hotelli- ja ravintolamuseo) met onder meer achtergronden bij de spannende geschiedenis van alcohol in Finland. Naast deze attracties zijn er nog een danstheater, restaurants en eettentjes, evenementen en talloze multiculturele activiteiten. Jonge musici en kunstenaars kunnen hier atelier- of studioruimte huren.

N NIEUW

Hernesaari op de zuidelijkste punt van Helsinki is de drijvende kracht achter de voorheen wat saaie buurt: tot nu toe bracht alleen de cruiseterminal wat leven in de brouwerij in het voormalige industriegebied. Sinds kort ontwikkelt het schiereiland zich echter razendsnel tot een woon- en recreatiegebied aan het water. Zo werden in 2015 en 2016 hier het party- en recreatiestrand Hernesaaren Ranta en het saunacomplex Hernesaaren Löyly geopend (▶ blz. 61).

▶ INFO

Als je na een lange dag uitgeput bent, kun je vanaf de Kabelfabriek comfortabel met tram 8 (station Länsisatamankatu) of met de metro (station Ruoholahti) naar het centrum teruggaan.

14

Finlands behouden ziel – **Seurasaari**

Is er in Helsinki nog iets te vinden van de karakteristieke houten gebouwen, vissershutten en saunahuisjes die vanouds de 'ziel van Finland' vormden? Jazeker. Je vindt ze nog aan de overkant van de brug naar Seurasaari, waar het modernisme een tegenhanger vindt in openluchtmuseum, folkloristische evenementen, zandstrand en eilandromantiek.

Tussen de hectiek van het stadsleven en het eiland Seurasaari ligt een smalle, ruim 200 m lange **houten brug** 1. Met het verlaten van het vasteland over het glinsterende water duikt de bezoeker in een andere wereld, die reeds lang vervlogen lijkt. Voor de bouw van de brug, die in 1892 (met de twee karakteristieke paviljoens) uit boomstammen werd vervaardigd, was het eiland in gebruik als weidegrond. Sinds ongeveer 1880 werd het steeds meer een populaire bestemming voor een picknickuitje in het groen, maar toen was het eerst nog alleen per boot bereikbaar. Ook toen al had het eiland een restaurant, dans-

Met het Openluchtmuseum in de rug ervaar je bij het wandelen, zonnebaden of picknicken pas echt de vrijheid van Seurasaari.

paviljoens, aanlegsteigers en wandelpaden, maar dankzij de brug werd het 'Veuleneiland' (Zweeds: Fölisön) echt een recreatief eiland met de Finse naam *seura-saari*.

Het eiland verwelkomt de bezoeker met donkergroene bomen, een met mos begroeide bodem en gladgesleten granietrotsen aan de kust, die uitnodigen om wat te rusten en te mijmeren. Het wekt de indruk van een natuurparadijs, en die wordt nog versterkt door de vele aanwezige diersoorten, met tjilpende vogels en bijna tamme eekhoorns (niet voeren!). Het is dan ook geen verrassing dat het eiland bij Helsinkiërs geliefd is om er even 'uit' te zijn.

De houten brug naar Seurasaari is de enige toegang tot het eiland. Het is ook een poort naar een andere wereld.

Een beeld van het leven van vroeger

Zodra je de brug over bent, stuit je op een **tickethuisje** 2 – de toegang tot het eiland zelf is altijd gratis, maar men verkoopt hier meteen al de toegangskaarten voor de gebouwen die op het 15 ha grote terrein van het **Openluchtmuseum** (Seurasaaren ulkomuseo) staan.

Het grootste openluchtmuseum van Finland omvat 87 historische gebouwen uit de 18e, 19e en 20e eeuw uit de verschillende provincies van het land. Het werd naar het voorbeeld van Skansen in Stockholm in 1909 ingericht door professor Axel Olai Heikel, maar dankt zijn bestaan vooral aan de schilder Akseli Gallen-Kallela, die vele door sloop bedreigde bouwwerken een nieuw leven op Seurasaari bood. Veel villa's hebben nog een stedelijke achtergrond, terwijl tal van andere gebouwen juist een indruk geven van het Finse platteland, met daartussen opvallende accenten als een windmolen of een oude telefooncel. Je kunt het interieur van afzonderlijke gebouwen bekijken, terwijl vrijwilligers in klederdracht de bezoekers een beeld geven van oude handwerktechnieken en de toenmalige manier van leven. Een goede indruk krijg je bij de kleine **pachtboerderij Niemelä** 3 uit het Midden-Finse Konginkangas, het eerste gebouw dat op Seurasaari werd geplaatst, en de **boerderij Antti** 4 uit het West-Finse Säkylä. Dit zijn een soort minidorpjes met sauna's, boothuizen en vele andere bijgebouwen en schuren. Een van de grootste bezienswaardigheden is de torenloze **Houten Kerk** 5 (Karunan vanha kirkko) van Karuna. Dit godshuis werd in 1685-1686 ge-

Z ZWEMMEN

Dankzij de **zandstranden** 1 aan de noordwestkust is het eiland Seurasaari ook geliefd bij zwemmers en zonaanbidders – zelfs in de winter! In 1906 werd op de westkust een **nudistenstrand** 2 (Nudistiranta) ingericht, met zoals in Finland gebruikelijk een keurige scheiding tussen mannen en vrouwen. Overigens kunnen mannen en vrouwen wel op woensdag en zondag bij elkaar zitten, maar dan in zwemkleding. De nabijgelegen rotskust is een mooie plek als je uitsluitend van de zon wilt genieten.

bouwd als privékapel voor baron Arvid Horn en werd later uitgerust met olieverfschilderijen, een kansel en een orgelfront; de vrijstaande klokkentoren kwam er pas in 1767 bij. Maar ondanks alle folklore en pittoreske volkskunst in architectuur en inrichting wordt hier wel duidelijk dat het vroegere Finland vooral een zwaar leven inhield.

INFO EN OPENINGSTIJDEN

Openluchtmuseum Seurasaari: tel. 0295 33 69 12, www.kansallismuseo.fi/en/seurasaarenulkomuseo, half mei-half sept. ma.-vr. 9-15, za.-zo. 11-17, juni-aug. dag. 11-17 uur, € 6-9, tot 17 jaar € 3, tot 7 jaar gratis (midzomeravond gesl.). Rondleiding half juni-half aug. dag. in Duits 12, in Engels 15 uur. Verdere informatie op www.seurasaarisaatio.fi (ook in het Engels)
Pukkisaari 7: rondleiding op verzoek via tel. 050 544 16 35, sommelo@sommelo.fi
Villa Tamminiemi 8: Seurasaarentie 15, tel. 02 95 33 69 22, www.kansallismuseo.fi/en/tamminiemi, apr.-sept. wo.-zo. 11-17, rest van het jaar za.-zo. 11-17 uur, € 9, tot 17 jaar € 3, combikaartje Seurasaari en Tamminiemi € 10, tot 17 jaar € 4
Nudistenstrand 2: tel. 09 310 87 71, juni-half aug. dag. 10-18 uur, € 3,50, kinderen € 1,50 (met kleedhokjes, toiletten en douches)

ETEN EN DRINKEN

Voor versnaperingen en tussendoortjes zijn er drie kiosken, voor een langere pauze kun je terecht in het pittoreske **Café Mieritz** 1 vlak bij de brug (tel. 040 649 30 40, in de zomer ma.-di. 11-16, wo.-zo. 11-20, rest van het jaar za.-zo. 12-17 uur). In het in 1890 gebouwde café biedt men niet alleen lekkere koffie en taart, maar ook een historische ambiance, informatie en souvenirs.
Midden op het eiland vind je het restaurant **Seurasaari** 2 met Finse keuken in een prachtig pand dat oorspronkelijk in 1952 werd gebouwd voor de Olympische Spelen (tel. 050 599 41 83, mei-half sept. dag. vanaf 11 uur, middagbuffet € 28, in het café € 14-32).

GRILLEN & CHILLEN

De **barbecue op het festivalterrein** 3 is voor iedereen op elk moment gratis te gebruiken. Vooral op zomeravonden is dit een geweldige manier om de dag ontspannen af te sluiten. Het gebruik van een eigen barbecue of open vuur is verboden.

Uitneembare kaart: B-D 1-4 | **Bus** Nr. 24, ca. 20 min. vanaf het centrum. Doorgewinterde wandelaars kunnen het eiland ook te voet bereiken (vanaf Hietaniemi)

De wereld uit een ei

Een bijzondere blikvanger is het **Kalevalakehto** 6, een moderne huisje in de vorm van een boot dat op de punt van het eiland staat. Het werd in 2010 door Finse en Amerikaanse architectuurstudenten gebouwd. De structuur van het huisje, een combinatie van hout, staal en glas, moet herinneren aan het Finse nationale epos *Kalevala*, over het ontstaan van de wereld uit een ei, de bouw van een boot door de held Väinämöinen, het magische metalen object Sampo. De ligging aan het water en de verbinding van oud en nieuw zorgen voor een sfeer van meditatieve rust. Het was eigenlijke bedoeld als tijdelijke installatie, maar blijft nu voor onbepaalde tijd behouden.

OM DE HOEK

Op het naburige eilandje **Pukkisaari** 7 (Bokkeneiland) is in 1998 een marktdorp uit de jongere ijzertijd gereconstrueerd. Elk eerste weekend van september komt het marktplein echt tot leven: er wordt dan kunstnijverheid en eten aangeboden zoals die gangbaar waren in de ijzertijd en er worden wedstrijden als in de ijzertijd gehouden.

Op de vastelandzijde van Seurasaari staat de grote roze **Villa Tamminiemi** 8, die gedurende de lange regeringsperiode van president Urho Kekkonen (1956-1981) een belangrijke politieke rol vervulde. De nog lang niet vergeten 'grote oude man' geldt als een van de opvallendste figuren in de internationale politiek tijdens de Koude Oorlog. Hij heeft hier gewoond tot zijn dood in 1986. Het museum toont de oorspronkelijke inrichting, geschenken die hij als president ontving, en de sauna waarin Leonid Brezjnev, Willy Brandt en andere staatsgasten met Kekkonen zaten te zweten. In oostelijke richting kun je nu over paden die dicht bij het water liggen terug naar het centrum wandelen. Je passeert enkele mooie houten villa's en **Mäntyniemi** 9, de ambtszetel van de huidige president. Dit fraaie complex van veel hout en glas prijkt sinds 1993 aan de baai Humvallahti. De rol van nationaal zenuwcentrum heeft het overgenomen van het Presidentieel Paleis aan het Marktplein (▶ blz. 25).

J JUHANNUS

Elk jaar stromen de Helsinkiërs toe naar Seurasaari voor de viering van Juhannus, de vrijdag tussen 20 en 26 juni. Dat is namelijk de het Finse midzomerfeest. Oorspronkelijk was dit een heidens feest ter ere van de dondergod Ukko, maar na de kerstening is het gecombineerd met de geboortedag van Johannes de Doper – vandaar de Finse naam Juhannus.

Het feest van de zomerwende markeert het einde van de lente en het begin van de zomer. Sinds 1954 is Seurasaari het middelpunt van de festiviteiten, waarbij oude tradities in ere worden gehouden, met muziek, dans, theater en vooral het midzomervuur *(juhannuskokko)*. De kortste nacht van het jaar werd vroeger magische kracht toegedicht: als je bloemen onder je kussen legt, droom je wellicht van je toekomstige…

15

Vestingen op eilanden voor de stad – **Suomenlinna**

Als verdedigingswerk kent Suomenlinna drie historische perioden: de kleine eilandengroep is achtereenvolgens als militair bolwerk gebruikt door Zweden, Russen en Finnen. Het inmiddels van veel groen voorziene complex is bovendien een sfeervolle plek om je lekker te ontspannen.

De imposante granietblokken bij de Koningspoort herinneren eraan de dat de eilandengroep een militaire voorpost van Zweden was en Sveaborg heette.

Als je even wat anders wilt dan de drukte van de stad en toch ook wilt kennismaken met wat historische achtergrond, is deze eilandengroep de aangewezen plek. De vestingeilanden vormen een populair recreatiegebied voor inwoners van de hoofdstad. Alleen al de oversteek met uitzicht op grote veerboten, andere eilandjes en het silhouet van Helsinki is de moeite waard. Aanraders om mee te nemen: stevige schoenen en warme

kleding, omdat je grotendeels over kasseien loopt en er vaak een ijzige bries staat; eventueel ook een zaklantaarn (of mobieltje).

Een felbegeerde vesting

Om de oostflank van hun rijk te beschermen tegen de Russen begonnen de Zweden in 1748 met de aanleg van een militair bolwerk op de eilandengroep voor Helsinki. In 1809 veroverde het leger van de tsaar de eilandengroep, die vervolgens werd verbouwd tot een Russische garnizoensstad. Het derde militaire tijdperk begon met de Finse onafhankelijkheid in 1917. Toen werd de vesting ook herdoopt in Suomenlinna, 'Vesting van de Finnen'. Weliswaar heeft het laatste garnizoen het eiland in 1978 verlaten, maar de sporen van het krijgskundige verleden zijn nog overal heel goed te zien. Sinds 1991 behoort de vesting tot het UNESCO Werelderfgoed.

Met veerboot, waterbus of excursieboot – de korte overtocht naar Suomenlinna is een belevenis op zich.

Geen uitlaatgassen

Nu bieden de gerestaureerde verdedigingswerken en garnizoensgebouwen onderdak aan woningen, ateliers, restaurants en natuurlijk musea. De vesting is een zelfstandig stadsdeel geworden. Het eiland telt ongeveer 800 inwoners, maar verbrandingsmotoren zijn verboden: voetgangers en fietsers bepalen het straatbeeld; sinds 2017 is er een fietstaxidienst (Taksi Viapori, www.taksiviapori.fi).

Wandelen

De HSL-veerboot legt aan op de plaats die al in de Russische tijd als hoofdhaven fungeerde. Daaraan herinnert nog het roze kazernegebouw, waar nu onder meer een microbrouwerij met restaurant (Suomenlinnan Panimo), een café, de Galerie Rantakasarmi en het **toeristenbureau** 1 zijn ondergebracht. Hier is een brochure verkrijgbaar over de musea, cafés en wandelroutes. De blauw gemarkeerde route bestrijkt de 1,5 km van noord naar zuid over de twee grootste eilanden en geeft een goed overzicht van Suomenlinna.

Als je deze wandelroute volgt, zie je al snel de in 1854 gebouwde **Suomenlinnakerk** 2 (Suomenlinnan kirkko). Dit was een Russisch-orthodoxe garnizoenskerk, maar werd in de jaren 20 van de 20e eeuw verbouwd tot een sober luthers gods-

O OVERIGENS

Op een mooie zomerdag is Suomenlinna een heerlijke plek voor een **picknick**. Iets te eten kun je al voor de oversteek kopen op het Marktplein of daarna in een supermarkt nabij de hoofdpier van het eiland

▶ RONDLEIDING

De Ehrensvärdvereniging organiseert rondleidingen in het Engels : www.suomenlinnatours.com, juni-aug. dag. 11, 13, 14.30, anders za.-zo. 13.30 uur, ca. 1 uur, € 11, kinderen € 4. Kaartjes bij het Suomenlinnamuseum. Zeiltocht op een historisch oorlogsschip vanaf € 25, kinderen € 12

huis. Uniek is wel dat het gelijktijdig ook dienstdoet als baken voor scheep- en luchtvaart.

Het moderne complex van het **Suomenlinnamuseum** 3 (Suomenlinna-museo) geeft op twee verdiepingen een multimediale presentatie van de geschiedenis van de vesting. Interessant is de film van 25 minuten over de geschiedenis van de vesting. Pal achter het museum leidt een lange brug van Iso Mustasaari naar buureiland Susisaari met imposante dokken en bastions.

Het **Ehrensvärdmuseum** 4 (Ehrensvärd-museo) voert de bezoeker terug naar het Zweedse tijdperk, toen de eerste bouwer van de vesting Augustin Ehrensvärd hier woonde. De grote bin-

VEERBOOT EN WATERBUS

HSL-veerboot: het hele jaar 1-4 x per uur vanaf het Marktplein; www.hsl.fi/en, 12-urenkaartje: € 5, tot 16 jaar € 2,50, tot 7 jaar gratis. Ook kaartjes van het openbaar vervoer (HSL) zijn geldig.
Waterbus JT-Line: mei-half sept. om het hele of halve uur vanaf het Marktplein; www.jt-line.fi, retour € 7, tot 16 jaar € 3,50, tot 7 jaar gratis (eilandhoppen-kaartje met de eilanden Lonna en Vallisaari € 8, kinderen € 4, ▶ blz. 84)

INFO EN OPENINGSTIJDEN

Toeristenbureau 1: tel. 0295 33 84 10, www.suomenlinna.fi, mei-sept. dag. 10-18, rest van het jaar 10-16 uur. Via de website kun je gratis thematische routes downloaden.
Suomenlinnamuseum 3: mei-sept. dag. 10-18, 's winters 10.30-16.30 uur, € 8, tot 17 jaar € 4, tot 7 jaar gratis
Andere musea: meestal mei-sept. dag. 11-17 uur, ongeveer € 5-7, Douanemuseum gratis

ETEN EN DRINKEN

Binnen de muren van het fort Kustaanmiekka verschuilt zich het **Restaurant Walhalla** 1, dat is opgedeeld in een fijnproeversrestaurant, een pizzeria en een terrasrestaurant (tel. 09 66 85 52, www.restaurantwalhalla.com, gourmet ma.-za. 17-24 uur, pizzeria ma.-za. 12-20, zo. 12-18 uur, alleen 's zomers, hoofdgerecht € 22-32). In het Pipers Park heb je een mooi uitzicht bij het uitstekende **Café Piper** 2 ('s zomers dag. 10-19 uur) dat al sinds 1928 in bedrijf is.

Uitneembare kaart: kaart 3 | **Boot** van/naar Kauppatori en van/naar Katajanokka nenplaats werd als centraal plein van de vesting aangelegd; hier staat nu het monumentale grafmonument van Ehrensvärd. Aan de andere kant zie je een van de oudste nog in bedrijf zijnde droogdokken ter wereld uit het midden van de 18e eeuw, waar nu oude houten schepen worden gerestaureerd.

Magisch!

Voorbij het **Pipers Park** 5 (Piperin puisto) gaat het eiland Susisaari over in het eiland Kustaanmiekka. Dit is het meest idyllische deel van de eilandengroep. Het licht heuvelachtige landschap doet een beetje denken aan de Gouw van de Hobbits. De talloze kanonnen, een symbool van Suomenlinna, stammen uit de Russische tijd. Bij warm weer biedt het strand rechts enige verkoeling, bij slecht weer kun je in een picknickhut terecht. Maar picknicken is het fijnst op een door de zon verwarmde rots met uitzicht op zee.

Wie het avontuur niet schuwt, kan (met een zaklantaarn) de tunnels verkennen, die tussen de wel 5 m dikke muren door lopen. De ingangen zijn op de kaart aangegeven. Hier kun je zelf ervaren hoe het moet hebben gevoeld om in de donkere, klamme gewelven op patrouille te gaan.

Aan het eind van de route kom je bij het fort **Kustaanmiekka** 6 (Gustavssvärd), dat is vernoemd naar de Zweedse koning Gustaaf III. Iets voorbij het fort eindigt de blauwe route bij de monumentale **Koningspoort** 7 (Kuninkaanportti), die in de Zweedse tijd de hoofdpoort van de vesting was en was versterkt met een ophaalbrug, een pier en kanonnen. Als je liever niet helemaal terugwandelt, neem je bij de aanlegsteiger lekker de waterbus terug naar Helsinki.

OM DE HOEK

Vanaf het Pipers Park is een extra wandeling naar de oostkust aan te raden. Je ziet dan drie **bastions** 8 met nu een glasblazerij, een theehuis en een zomertheater. Het pad eindigt bij de op een bok geplaatste **duikboot Vesikko** 9, die als enige in Finland uit de Tweede Wereldoorlog behouden is. Ook al is het binnen erg krap, het is de moeite waard om te kijken hoe de bemanning aan boord leefde (€ 7).

Romantiek in plaats van kanonnen – de vesting is ook populair vanwege het sfeervolle uitzicht op de stad.

F FANTASY

Een vesting, kanonnen, de bruisende zee – stof voor een fantasyverhaal? Zo dacht George R.R. Martin, de succesvolle schrijver van *Game of Thrones*, er wel over. De nederlaag van de zogenaamd onneembare vesting tegen de inferieure strijdmacht van de Russen in 1809 stelt historici nog steeds voor raadsels en inspireerde Martin tot het korte verhaal 'The Fortress', dat is gepubliceerd in zijn verhalenbundel *Dream Songs*. Hij was overigens niet de eerste – al in 1848 creëerde J.L. Runeberg in zijn gedichtenbundel *Fänrik Ståls sägner* (in het Duits vertaald als *Die Erzählungen des Fähnrich Stål*) het gedicht 'Sveaborg', waarin hij de vesting omschreef 'koningin van de zee, die met ogen van graniet over het water kijkt'.

ENTREEBEWIJZEN voor een andere wereld...

Naast het Kiasma (▶ blz. 37) vind je in Helsinki talloze andere musea; hier mijn favorieten:

MAAR BESLIS VOORAL ZELF!

Stadsmuseum (Helsingin kaupunginmuseo)
ma.-vr. 11-19, za.-zo. 11-17 uur, gratis

De route door het museum is meteen een wandeling door het verleden: je kunt je inleven in de geschiedenis van de stad, niet in de laatste plaats door een virtuele 'tijdmachine'.

🕮 kaart 2, H 5, www.helsinginkaupunginmuseo.fi/en/exhibitions/helsinki-bites

JA NEE

Trammuseum (Ratikkamuseo)
dag. 11-17 uur
gratis

In het nostalgische tramdepot uit 1900 worden originale trams en objecten gepresenteerd. Je kunt op de plaats van de bestuurder gaan zitten en allerlei filmclips over die vroegere tijd bekijken.

🕮 E 2-3, www.ratikkamuseo.fi

JA NEE

Krantenmuseum (Päivälehden museo)
ma.-zo. 11-17 uur
gratis

In de voormalige redactiekamers van de krant *Helsingin Sanomat* word je ingewijd in de geheimen van het maken van een krant vroeger en nu, de nieuwe media en de toekomst van de pers en de persvrijheid.

🕮 kaart 2, G 5, www.paivalehdenmuseo.fi

JA NEE

Heureka
juni-half aug. ma.-vr. 10-19, za.-zo. 10-18, anders ma.-do. 10-17, vr.-zo. 10-18 uur
€ 22, 6-15 jaar € 15, tot 6 jaar gratis

Een hands-onmuseum in een futuristisch gebouw in Vantaa. Honderd technische experimenten in alle soorten voor groot en klein. Plan dus goed je tijd, bijvoorbeeld onderweg naar de nabijgelegen luchthaven.

🕮 kaart 5, www.heureka.fi

JA NEE

Gallen-Kallela-museum (Gallen-Kallelan Museo)
half mei-aug. dag. 11-18, anders di.-za. 11-16, zo. tot 17 uur, € 9, tot 18 jaar gratis
JA NEE

De jugendstilvilla, fraai gelegen aan een baai van het voorstadje Tarvaspää, was de woon- en werkruimte van de beroemdste Finse kunstenaar van de nationale romantiek. Een prachtig voorbeeld van de jugendstil.
buiten kaart B 1, www.gallen-kallela.fi

Burgerbeschermingsmuseum (Väestönsuojelumuseo)
za. 10-14 uur en op afspraak
gratis
JA NEE

De zware ijzeren deur doet je al griezelen. In de bunker uit de Tweede Wereldoorlog wordt vooral aandacht besteed aan de oorlogsjaren in Helsinki, maar ook aan de bescherming van burgers in de Koude Oorlog.
H 4, www.hvssy.fi

Mannerheimmuseum (Mannerheim-museo)
vr.-zo. 11-16 uur
€ 12, tot 12 jaar gratis
JA NEE

Wie was de grote oude man die zo lang het gezicht van de Finse geschiedenis bepaalde? Dat ervaar je in zijn houten villa, niet vrij van een nationalistische ondertoon, te midden van het mooie Kaivopuistopark.
H 6, www.mannerheimmuseo.fi

Geldmuseum (Rahamuseo)
di.-vr. 11 17, za.-zo. 11-16 uur
gratis
JA NEE

Multimediale expositie over de geschiedenis van het geld – ondergebracht in een bijgebouw van de Bank van Finland. Hier kom je alles te weten over het gebruik van geld, en wat erbij komt kijken.
kaart 2, H 5, www.rahamuseo.fi

Fazer-bezoekerscentrum (Fazer Vierailukeskus)
ma.-vr. 9-18.30, za. 10-16.30, zo. 11-16.30 uur
rondleiding (Eng.) € 13/9,50
JA NEE

Helsinki in het licht van de chocolade: tijdens een rondleiding van een uur maak je kennis met het moderne bezoekerscentrum van de populairste levensmiddelenfabrikant van Finland, met aansluitend proeverij.
kaart 5, www.visitfazer.com

Niet alleen voor een regenachtige dag – de musea van Helsinki

Ruim zestig musea telt Helsinki, een aanzienlijk aantal voor een stad van deze omvang, maar zelfs de grootste Finse nationalist moet toegeven dat ze in kwantiteit en kwaliteit niet opwegen tegen de overmacht van St.-Petersburg aan de oostkant en Stockholm aan de westkant. Toch schuilt daarin ook de charme van dit museumlandschap: men wil niet de strijd aangaan met de internationale zwaargewichten en toont gewoon wat men zelf in huis heeft. Tip: concentreer je bij de keuze van musea op wat je nergens anders te zien krijgt. Denk daarbij aan de Finse schilderkunst van de 19e eeuw, voorbeelden van de Russisch-Finse cultuurgeschiedenis of gespecialiseerde exposities als die van de trams van Helsinki. En dan heb je natuurlijk nog moderne kunst, architectuur en design – de culturele wereld van nu. Je zult al snel merken dat de musea van Helsinki meer te bieden hebben dan alleen verpozing tijdens regenachtige dagen.

INFORMATIE

Internet
www.myhelsinki.fi/en/see-and-do/sights

Tarieven en kortingen
Een museumbezoek is niet goedkoop in Helsinki. Maar: verscheidene musea zijn gewoon gratis, zoals het Stadsmuseum (▶ blz. 78) met zijn dependances – waaronder Villa Hakasalmi (▶ blz. 39), het houten huis Ruiskumestarin talo (▶ blz. 52), het Trammuseum (▶ blz. 78) en het Museum van Sociale Woningbouw (🕮 G 2, workerhousingmuseum.fi) – en het Geldmuseum (▶ blz. 79). In de meeste andere huizen is de toegang gratis op bepaalde dagen en/of bepaalde tijden, zoals de 1e vr. van de maand in het Kiasma (▶ blz. 37) en het Architectuurmuseum (▶ blz. 81), vr. 16-18 uur in het Nationaal Museum (▶ blz. 39) en do. in het Technisch Museum (🕮 kaart 5, tekniikanmuseo.fi).
Bij veel museumbezoek kun je op de kosten besparen met de Helsinki Card (www.helsinkicard.com, ▶ blz. 110).

De expositie 'Don't shoot the messenger' in het Designmuseum

De mooiste architectuur

Architectuur en design zijn het handelsmerk van Helsinki – net als literatuur voor Dublin of de samba voor Rio. Al in de tijd van de tsaren was de stadsplanologie een op de toekomst georiënteerd totaalontwerp. Alvar Aalto zette deze traditie in de 20e eeuw voort, en nu richten zijn opvolgers zich in Helsinki's voorsteden op moderne, menselijke ruimtes om te wonen en te werken.

In samenhang met de omgeving

Architectuurmuseum (Arkkitehtuurimuseo)
kaart 2, G 6

Dit museum dat achter het Designmuseum staat, beschikt over talloze voorbeelden van stedelijke architectuur, en dan vooral in het grote verband. Het geweldige museumgebouw van drie verdiepingen stamt zelf uit 1899, maar de getoonde objecten zijn veel jonger. Het accent ligt in dit museum op de architectuur en stadsontwikkeling in de 20e eeuw. Overigens is de getoonde collectie van bescheiden omvang – die hangt sterk af van het thema van de wisselende exposities.

Kasarmikatu 24, tel. 045 77 31 04 74, www.mfa.fi, tram: 10, di.-zo. 11-18, wo. tot 20 uur, € 10/5, tot 18 jaar gratis, combikaartje met Designmuseum € 15

Symbool van Helsinki

Finlandiahuis (Finlandiatalo)
F 4

Het aan de Töölöbaai gelegen complex van wit carraramarmer en grijs granietsteen werd in 1971 voltooid. De grote hal draagt tot in de kleinste details de signatuur van de bouwer, Alvar Aalto. Als je interesse voor architectuur hebt of gewoon geïnteresseerd bent in de achtergronden, kun je het gebouw buiten de concerten ook bezichtigen tijdens een rondleiding. De foyer en de exposities in de Galerie Veranda zijn echter steeds gratis toegankelijk.

Mannerheimintie 13, tel. 09 402 41, www.finlandiatalo.fi, tram: 4, 10, informatiebalie, café Veranda en galerie Veranda, ma.-vr. 9-19 uur, rondleiding € 16

Ruimte voor concert en congres

Cultuurhuis (Kulttuuritalo) G 2

Niet ver van het centrum aan het einde van de Töölöbaai en vlak bij het recreatiepark Linnanmäki staat het Cultuurhuis. Met zijn gewelfde façade van baksteen springt het sterk in het oog. Alvar Aalto ontwierp het complex (1952-1958) voor de Communistische Partij van Finland, maar na een financieel debacle van de KPF werd het overkoepelde bouwwerk in 1990 aan de staat verkocht. Net als voorheen worden hier congressen gehouden, maar nu is het ook een podium voor concerten. Zo hebben beroemdheden als Jimi Hendrix, Led Zeppelin, Frank Zappa, AC/DC, Tina Turner, Metallica, Iron Maiden en Lady Gaga al in het Cultuurhuis opgetreden.

Sturenkatu 4, tel. 09 774 02 70, www.kulttuuritalo.fi, tram: 1, 3, 9, bus 23 vanaf station, de foyer van het gebouw is gratis toegankelijk, ma.-vr. 8-16 uur, rondleiding in het Engels juli-aug. ma. en vr. 16 uur, € 15/10

Waar de meester woonde en werkte

Alvar Aaltohuis (Alvar Aallon kotitalo) B 1

Dit in 1936 voltooide gebouw in het voorstadje Munkkiniemi diende voor het echtpaar Aino en Alvar Aalto als woon- en werkruimte. Dit bouwkundig pareltje werd tot in detail consequent vormgegeven. Met de toepassing van materialen uit eigen land (vooral veel hout), het terras en het platte dak, tal van innovatieve ideeën voor de inrichting voor het wonen en het werken is het Alvar Aaltohuis tot een programmatisch toonbeeld van het modernisme geworden. In de museumwinkel kun je rondneuzen zonder entree te hoeven betalen.

Riihitie 20, tel. 09 481 350, www.alvaraalto.fi/en/location/the-aalto-house/, tram 4 naar station Laajalahden aukio in Munkkiniemi, dan lopend via de Laajalahdentie in westelijke richting, bij het sportterrein rechtsaf de Riihitie ingaan; rondleiding mei-sept. di.-zo. 13, 14, 15, 16, aug.-nov. dag. en febr.-apr. di.-zo. 13, 14, 15 uur, dec.-jan. di.-vr. 13 en za. 13, 14, 15 uur, € 18/9, tot 18 jaar gratis, combikaartje met Studio Aalto € 30/15

Aalto's studio

Studio Aalto 🕮 buiten kaart A 1

Zijn architectenbureau, op korte loopafstand van zijn woonhuis, wordt gezien als een van de beste bouwwerken van Aalto uit de jaren 50. Hier heeft hij met zijn medewerkers gewerkt tot 1976. Het witte pand van twee verdiepingen met een puntdak, grote ramen, indirecte lichtinval en een interessant vormgegeven binnenplaats was helemaal toegesneden op de behoeften van het toen al wereldberoemde bureau. Het bood mensen ruimte om te tekenen, maquettes te maken, presentaties te houden, te vergaderen, gemeenschappelijk te lunchen en architectuurgeschiedenis te schrijven.

Tiilimäki 20, www.alvaraalto.fi/en/location/studio-aalto/, tram 4 naar voorlaatste station Tiilimäki, daar lopend de straat ongeveer 400 m volgen, rondleiding mei-sept. di.-zo. 11.30, 12.30, 13.30 uur, aug. ook ma., okt.-apr. di.-za. 11.30 uur, okt.-nov. ook zo., € 18/9, tot 18 jaar gratis, combikaartje met Alvar Aaltohuis € 30/15

Stijlvol eten en drinken

Restaurant Savoy 🕮 kaart 2, G 5

Hier beleef je architectuur, design en gastronomie alemaal bij elkaar. Het sinds 1937 onveranderd gebleven dakrestaurant is echt weergaloos – dat geldt voor het uitzicht, de geboden kwaliteit en helaas ook voor de prijzen. Het gebouw zelf is een 'industriepaleis' van acht verdiepingen, waarbij Alvar en Aino Aalto voor het design van de twee bovenste verdiepingen tekenden. De meubilering en verlichting werden tot in detail op elkaar afgestemd om een geheel te vormen. Dit leidde ook tot het ontwerp van de beroemde Savoy-vaas. De bekendste stamgast was maarschalk Carl Gustaf Emil Mannerheim (1867-1951) – de voor hem gereserveerde tafel is hier nog altijd te zien. Hij gaf de chef-kok ook het recept voor *vorschmack* (gezouten vis of vlees), dat een klassieker van de Finse keuken is geworden. Ook in het Savoy verkrijgbaar: Mannerheims speciale longdrink Marskin Ryyppy, een mix van wijn, aquavit, gin en vermouth. Geschrokken van de hoge prijzen? Het kan ook goedkoper – schuin ertegenover in Café Aalto van de Academische Boekhandel (▶ blz. 99), die ook Aalto's signatuur draagt.

Eteläesplanadi 14, tel. 09 61 28 53 00, www.ravintolasavoy.fi, tram: 2, 4, 5, 7, ma.-vr. 11.30-15, 18-24, za. 18-24 uur

Meesterwerk uit de 19e eeuw

Nationale bibliotheek (Kansallis-kirjasto) 🕮 kaart 2, H 5

Voor velen is dit het geniaalste bouwwerk van de Duitse architect Carl Ludwig Engel (▶ blz. 21). Het fantastische trappenhuis, de chique leeszaal en de indirecte lichtinval zijn niet alleen bijzonder mooi, maar waren in de tijd van ontstaan (1840-1846) ook zeer innovatief. Engel heeft het representatieve bouwwerk met zijn afgevlakte koepel een prominente plaats gegeven: pal naast de Dom. Sinds 2016 heeft het gebouw ook weer zijn oude glans gekregen. Je vindt er een aardig café en vaak interessante tijdelijke exposities – beslist de moeite waard.

Unioninkatu 36, tel. 02941 231 96, www.kansalliskirjasto.fi, tram: 2, 4, 5, 7B, ma.-vr. 9-18, zo nu en dan za. 9-16 uur, gratis

Grootste bibliotheek in het noorden

Universiteitsbibliotheek (Helsingin yliopiston kirjasto) 🕮 kaart 2, H 4

Zo'n 150 m noordelijker nam de nieuwe Universiteitsbibliotheek in 2012 het stokje over van Engels voorganger. Het 'Kaisahuis' van archictenbureau Anttinen Oiva doet met zijn gewelfde façade wat overdreven aan, maar binnen zorgen het atrium – met een verrassend uitzicht op de stad – en enkele cafés en zithoeken steeds weer voor een aha-ervaring. Met ruim 73 km aan kastruimte en 26.500 elektronische tijdschriften is de bibliotheek de grootste van Noord-Europa.

Fabianinkatu 30, tel. 02 94 12 39 20, www.helsinki.fi/kirjasto/en, metro: Helsingin Yliopisto, ma.-vr. 8-20, za.-zo. 11-17 uur

Van vissershaven naar de toekomst

Kalasatama 🕮 K 2

Ten noorden van de binnenstad is al een paar jaar het project gaande om de vroegere vissershaven te verbouwen in het kader van 'intelligente stadsontwikkeling'. De nieuwe wijk voor 25.000 bewoners moet veelzijdig, een mix op maatschappelijk gebied en in leeftijd, innovatief en voorzien van alle moderne verbindingen zijn, en natuurlijk ecologisch verantwoord. Het project moet 10.000 arbeidsplaatsen creëren met zowel appartementen aan de waterkant als 'gewone woonflats'. Dit wordt kortom een Smart City District. De wijk zal pas tegen 2040 voltooid zijn, maar er is al het een en ander klaar: sinds najaar 2018 is het winkelcentrum REDI open, en er wonen al een paar duizend Helsinkiërs. Het is hier alleen al opwindend vanwege het prachtige uitzicht.

metro: Kalasatama

Woonlaboratorium

Arabianranta 🕮 K 1

Het noordelijke stadsdeel Arabianranta wordt geroemd als voorbeeld van een geslaagde combinatie van tegengestelden: oud en nieuw, natuur en stedelijke omgeving, industriegebied en woonwijk, kunst en technologie. Oude industrieterreinen kregen een nieuwe bestemming, met daartussen moderne en vaak verrassende architectuur, bij de kust nodigt het strandpark uit tot wandelingen. Arabianranta is ook bekend geworden omdat deze wijk als experiment diende voor de eerste Finse poging om alles, van koelkast tot supermarkt, draadloos met elkaar te verbinden, als een soort cybercommunity (Helsinki Virtual Village) in de reële wereld. Wie van winkelen houdt, kan hier uitstekend terecht in het Iittala & Arabia Design Centre (▶ blz. 102), met outletshops van grote merken en het interessante Arabia Museum. En als je na een tijdje honger hebt gekregen, kun je op de terugweg met de tram een tussenstop inlassen bij het voormalige slachthuis (Teurastamo, ▶ blz. 53).

www.arabianranta.fi/en, tram: 6/6T, 8

Aalto's credo voor architectuur verwerkt in zijn eigen huis: niet tegen, maar met de natuur!

Pauze, even rebooten

II

Helsinki biedt talloze mogelijkheden om even op adem te komen. Dat geldt zowel voor groene plekjes in de stad zelf als voor de wildernis op slechts en paar kilometer afstand, terwijl er ook oasen van rust in gebouwen zijn. Echt 'Fins': een rondje sauna met een duik in zee.

Klaar voor een eiland?

Lonna en Vallisaari

L 7, buiten kaart L 8

Vlak voor Helsinki strekt zich een pittoresk landschap van meer dan driehonderd eilanden uit. De nieuwste attractie Vallisaari (www.nationalparks.fi/vallisaari, www.vallisaari.fi) maakt indruk als voormalig wapendepot met verdedigingswerken en een grote rijkdom aan verschillende dieren en planten. Twee rondlopende gemarkeerde routes (3 en 2,5 km) leiden langs de spectaculairste uitkijkpunten. Rondleidingen in het Engels worden onder andere gegeven door de Ehrensvärdvereniging (www.suomenlinnatours.com). Van een militair verleden getuigt ook het kleine, nauwelijks 150 m lange eilandje Lonna (www.lonna.fi), dat in de naoorlogse periode door de Russische marine werd gebruikt voor de opslag van mijnen en het demagnetiseren van schepen. Van de technische inrichting wordt een beeld gegeven in een expositie van het eilandrestaurant. Voor ontspanning is er een openbare sauna (€ 16 voor 2 uur).

Alle drie eilanden Vallisaari, Lonna en Suomenlinna met de waterbus Jt-Line mei-sept. per eiland vanaf het Marktplein: www.jt-line.fi, € 8, kinderen 7-16 jaar € 4

Wildernis net buiten de stad

Nuuksio kaart 5

Wat heeft het Finse landschap nog meer te bieden dan water? – natuurlijk, bos! Niet heel ver buiten de hoofdstad ligt het nationaal park Nuuksio met een oppervlak van zo'n 53 km². Het weergaloze landschap met ruige rotsheuvels en groene naaldbossen is niet alleen een paradijs voor wandelaars, maar volgens Fins gebruik mag iedereen naar hartenlust bessen en paddenstoelen verzamelen, vissen en (op de aangewezen locaties) barbecuen en kamperen. Het natuurcentrum Haltia laat de bezoekers van de natuur van Finland alvast kennismaken aan de hand van wisselende exposities. Bovendien vind je hier een restaurant en kun je er een geschikte outdooruitrusting huren; verder worden er tal van activiteiten georganiseerd. Op hooguit 1 km van Haltia ligt een rendierpark. Ook Nuuksio zelf kent een soortenrijke dierenwereld. Misschien krijg je tijdens een wandeling zelfs de mascotte van het park te zien, de vliegende eekhoorn…

O OVERIGENS

Ook in de **stadskern** zijn hier en daar kleine **rustpunten** te vinden, waar je even kunt bijkomen. Vanaf de trap van de Dom heb je een prachtig uitzicht over het Senaatsplein en kun je vanboven naar het mensengewoel kijken. In de Universiteitsbibliotheek kun je genieten van een volkomen rust. Op het schiereiland Hietianemi vind je stilte op de begraafplaats of kun je een duik in frisse water wagen bij het populairste strand van de stad, Hietaranta. Het beste toevluchtsoord om even te ontkomen aan de hectiek van de stad is de Stiltekapel.

Met bus of trein naar Espoo en dan met bus 245, 245A of 245K naar het natuurcentrum Haltia (Nuuksiontie 84, Espoo) bij de halte Solvalla. Informatie en kaarten via www.nationalparks.fi/nuuksio en www.haltia.com

In contact met elanden

Korkeasaari 🕮 K 4

Als je bij een bezoek aan de stad ook graag dieren als eland, beer, veelvraat (marterachtige) en rendier wilt zien, kun je een wandeling maken over het eiland Korkeasaari (Hoog eiland). Op het uitgestrekte omheinde terrein van de dierentuin op het eiland zijn al met al honderdvijftig diersoorten en duizend plantensoorten te bewonderen – met niet alleen inheemse soorten, maar ook schitterende exoten. In combinatie met een panoramisch uitzicht vanaf de uitkijktoren en de oversteek is dit een opwindend uitstapje.

Mustikkamaanpolku 12, tel. 05 03 52 59 89, bus 16, veerboot mei-sept. vanaf Kauppatori en Hakaniemi, mei-aug. dag. 10-20, okt.-mrt. 10-16, apr. en sept. 10-18 uur, € 12-16/8-12, kinderen 4-17 jaar € 6-8

Het groene hart van Helsinki

Keskuspuisto 🕮 vanaf D-G 1-4

Het dichtbeboste centrale park strekt zich uit van de baai Töölönlahti tot de noordgrens van Helsinki. Het is 10 km lang, ruim honderd jaar oud en heeft een oppervlak van zo'n 1000 ha – een unieke mogelijkheid om de Finse natuur in de stad te ervaren. De bijna 100 km aan wandelpaden zijn op veel plaatsen verrijkt met informatiepanelen en worden in de winter deels als routes voor langlaufen gebruikt. Een echt oerbos met weelderige begroeiing vind je in het noordelijke deel Haltiala, waar ook de rivier Vantaajoki doorheen stroomt. Met enig geluk zie je wellicht een eland.

Het zuidelijke deel van het park begint pal achter het Centraal Station, het noordelijke deel Haltiala is te bereiken met bus 614 en 615

In het rijk van de planten

Botanische Tuin (Kaisaniemi)

🕮 G 4

Achter het grijze steen van het Centraal Station ligt een weelderig groengebied verscholen. De botanische tuin is vooral

Een tropische wereld op hoge noordelijke breedtegraad – in Kaisaniemi

in de zomer bijzonder aantrekkelijk met zijn kleurrijke rozenpracht. In de winter bieden de tien kassen een toevluchtsoord van warmte en licht tegen de kou en de duisternis, maar ook in de zomer heeft deze exotische plantenwereld haar bekoring: van de geurende naaldbossen van Finland reis je als het ware zuidwaarts naar tropisch oerwoud en dorre woestenij. Hier kun je je verbazen over de grootste zaden ter wereld. Of over de reuzenwaterlelie *Victoria cruziana*: het blad van deze waterplant kan met een doorsnede van 2 m het gewicht van een volwassen mens dragen.

Kaisaniemenranta 2, www.luomus.fi/en/kaisaniemi-botanic-garden, tram: 3, 6, 7, 9, metro: Hakaniemi en Helsingin Yliopisto, kas di.-za. 10-17, do. tot 18, zo. 10-16 uur, € 10/7/5, tot 7 jaar gratis; tuin dag. 9-20 uur, gratis

O

OVERIGENS

Meer dan een derde van het oppervlak van Helsinki bestaat uit parken en groenvoorziening. Op de website **'Green Hearts'** (www.vihreatsylit.fi) kun je de geheimen van de parken alvast ontdekken.

Maak een goede keus…

Wie ging vroeger eigenlijk naar Helsinki? Zakenmensen, diplomaten en natuurlijk tijdens de Olympische Spelen veel internationale sportliefhebbers. Voor deze clientèle zijn de hotels van Helsinki gebouwd. Kleine, gemoedelijke pensions voor individuele toeristen zijn er zo goed als niet te vinden. Na de jaren 80 kwamen er grote, praktische en comfortabele hotels die meestal tot een keten (Sokos, Scandic) behoorden. En sinds kort zijn er boetiek- en art-hotels, die het accent meer op een Individueel karakter leggen.

Bij alle vormen van accommodatie geldt een zeer hoge standaard, maar kun je ook een hoog prijsniveau verwachten. Een vaste tarievenlijst heeft vrijwel geen enkel hotel in Helsinki. Zo kun je met wat geluk een kamer in het chique vijfsterrenhotel Kämp (▶ blz. 29) voor een koopje bemachtigen. De vuistregel dat je de beste prijs krijgt als je vroegtijdig een kamer reserveert, gaat niet meer op. Vaak krijg je alleen *last minute* een voordeelprijsje!

Overigens is er een verbluffend groot aanbod van vakantiewoningen of appartementen. Op deze manier krijg je een groter woonoppervlak en de mogelijkheid zelf je kostje te bereiden voor een veel lagere prijs dan in een restaurant. Ook via Airbnb (www.airbnb.nl) kun je allerlei particulier verhuurde woningen vinden, die vaak centraal gelegen en modern ingericht zijn, en aanzienlijk goedkoper dan de hotels.

Geen wonder van architectuur: de gevel van het Arthur is typerend voor veel hotels in Helsinki.

BESPAREN

De Finse prijzen voor een overnachting zijn hoog, die in Helsinki heel hoog. Om je budget niet te zwaar te belasten kun je de dure binnenstad mijden. De hotels verder naar buiten, vooral in Espoo en Vantaa, zijn veel goedkoper. En de verbindingen met het openbaar vervoer zijn overwegend uitstekend.

KORTING

Kijk op de websites van hotels of bij de boekingscentrale van hotels of er korting geldt. Deze kan fenomenaal zijn, vooral in het weekend. De dure hotels richten zich meestal op zakenmensen, maar die zijn in het weekend juist graag thuis.

Vierkant, praktisch, goed

Hostel Domus Academica F 5

Bijzonder mooi is dit 'zomerhostel' binnen noch buiten, en een hoog comfort hoef je ook niet te verwachten. Een groot voordeel is wel de centrale ligging, op slechts een paar minuten lopen van Kamppi en het populairste zandstrand van Helsinki. En fietsverhuur vind je om de hoek. Verder zijn de kamers met een, twee of drie bedden (met wc en douche) uitgerust met alle belangrijke voorzieningen, en hebben ze zelfs een kitchenette. Ook biedt het een 24 uursservice en faciliteiten als een café-restaurant en sauna, terwijl de prijs-kwaliteitverhouding niet te evenaren is.

Hietaniemenkatu 14, tel. 09 13 11 43 34, www.hostelacademica.fi, tram: 2, bus: 24, 1 pk € 58, 2 pk vanaf € 70

De ligging is alles

Hotel Arthur kaart 2, G 4

Dit hotel van negen verdiepingen ziet er niet heel bijzonder uit, maar heeft wel een fantastische ligging. Het biedt een ontspannen sfeer en beschikt over 167 goed uitgeruste kamers, met tv, wifi en voor een deel een kitchenette en/of eigen sauna. Vanwege het uitzicht zijn de kamers op de bovenste verdieping het mooist. Het hotelrestaurant verzorgt een lunchbuffet, en 's avonds kun je dineren met Finse gerechten à la carte.

Vuorikatu 19, tel. 09 17 34 41, www.hotelarthur.fi, tram: 3, 9, 6T/6, metro: Helsingin Yliopisto, 2 pk € 90-240

Rustig en gemoedelijk in een trendy wijk

Hotel Anna kaart 2, G 6

Een van de weinige kleinere hotels in Helsinki waarvan je kunt zeggen dat de sfeer er 'gemoedelijk' is. Dit rustige middenklassehotel staat in het levendige designdistrict, op ongeveer 10 minuten lopen van de Esplanade. Elk van de in totaal 64 een- en tweepersoonskamers is goed uitgerust, met minibar, wifi en tv. Naast de geweldige ligging heeft het hotel een goed ontbijtbuffet en vanzelfsprekend een sauna te bieden.

Annankatu 1, tel. 09 61 66 21, www.hotelanna.com, tram: 10, 2 pk € 120-190

Klein, maar fijn

Hotel Carlton kaart 2, G 5

Met zijn ligging tegenover het station staat dit kleine hotel midden in de levendige drukte van de stad. Veel speciaals biedt het niet, maar als onderdeel van een internationale keten (Best Western) heeft het natuurlijk een bepaald niveau. In het gebouw uit de jaren 30 vind je op de begane grond het restaurant Iguana (TexMex en Italiaanse keuken, goed lunchbuffet) en koffiezaak, waar je achter grote ramen uitkijkt op de bedrijvigheid op straat. Via een trap bereik je de slechts 21 kamers, die allemaal individueel en comfortabel zijn ingericht en beschikken over moderne voorzieningen, met zelfs jacuzzi of 3D-tv. Bij mooi weer kun je heerlijk op een terras zitten.

Kaisaniemenkatu 3, tel. 09 684 13 20, www.carlton.fi, tram: 3, 6, 9, metro: Helsingin Yliopisto, 2 pk € 110-190

Fins design en penthouse-sauna

Helka Hotel F 5

Dit eenvoudige en keurige hotel in een pand uit de jaren 20 van de 20e eeuw staat niet ver van het Tennispalatsi en het Kamppicomplex. Het driesterrenhotel beschikt over 150 lichte en ruime kamers die met meubilair van Artek of andere Finse ontwerpers zijn ingericht. In het restaurant Helkan Keittiö heerst een ongedwongen sfeer en serveert men naast Finse gerechten ook burgers of pasta. Bij een late afzakker in de Helka Baari kun je misschien een keer een biertje proberen van de lokale brouwerijen. En de sauna? Die is er natuurlijk ook: in het Helka is deze zelfs bijzonder fraai ondergebracht op de bovenste verdieping – met panoramisch uitzicht en een dakterras om af te koelen.

Pohjoinen Rautatienkatu 23, tel. 09 61 35 80, www.helka.fi, tram: 1, 2, 4, metro: Kamppi, 2 pk € 110-240

Stijlvolle jugendstil

GLO Hotel Art Helsinki kaart 2, F 6

Het is wel te begrijpen dat dit in 1903 gebouwde hotel ooit 'Linna', ofwel vesting, werd genoemd. Met zijn granietblokken en de toren is het een juweeltje van de nationaalromantische jugendstil. Deze indruk wordt nog versterkt door het interieur met zijn gewelven, het trappenhuis en de grote 'Jugendsali'. De meer dan 170 stijlvolle kamers (in vier categorieën), verdeeld over het historische hoofdgebouw en twee naburige gebouwen, passen daarentegen meer bij het designdistrict, waar dit hotel staat. Veel sfeer dus en veel comfort – wat in de prijs tot uiting komt. Maar dan krijg je ook een voortreffelijk restaurant, een sauna in de toren, veel gemakken (zoals fietsverhuur) en een attente bediening.

Lönnrotinkatu 29, tel. 09 344 41 00, www.glohotels.fi, tram: 6, 2 pk € 140-250

Degelijk, traditioneel en met een fantastische bar

Hotel Seurahuone kaart 2, G 5

Dit legendarische hotel wekt bijna de indruk van een burcht. De oorsprong gaat terug naar 1833, maar de tsaar liet het in 1914 naar zijn huidige locatie tegenover het Centraal Station verhuizen. Van de rijke traditie getuigen de imposante lijst van beroemdheden die hier hebben overnacht, en het spectaculaire interieur. Dankzij de meest recente renovatie gaat het glorierijke verleden nu samen met moderne faciliteiten, zodat de 118 kamers van alle moderne comfort zijn voorzien. In de brasserie Le Havre serveert men op de Franse keuken geïnspireerde gerechten, maar de grote blikvanger is de bar Socis met zijn fontein en een glazen koepel. In heel Scandinavië vind je geen mooiere! In het Seurahuone verblijf je echt midden in het stadsleven, op een steenworp afstand van het station. Volledige rust kun je hier eigenlijk dan ook niet verwachten.

Kaivokatu 12, tel. 020 04 81 06, www.hotelliseurahuone.fi, tram: 3, 5, 6, 7, 9, 2 pk € 140-250

Achter Zweedse gordijnen

Hotel Katajanokka J 5

Zoals de naam al aangeeft, staat dit hotel met veel aandacht voor lifestyle midden op het schiereiland Katajanokka. Dat het achter een hoge bakstenen muur staat, heeft een reden: van 1837 tot 2002 deden de gebouwen dienst als hoofdstedelijke gevangenis, met cellen voor meer dan tweehonderd gevangenen. Het in modern-Scandinavische stijl verbouwde hotel bezit nog enkele aandenkens aan die tijd, zoals een authentiek ingerichte cel onder in het restaurant Linnankellari. Verder biedt het Katajanokka aangename en rustige kamers, met ook een fitnessstudio, sauna en een snelle tramverbinding met het centrum. Op het zomerterras op de oude binnenplaats elke vrijdag livemuziek en bij mooi weer ook barbecue.

Merikasarminkatu 1a, tel. 09 68 64 50, www.hotelkatajanokka.fi, tram: 4, 2 pk € 110-250

Helsinki's eerste designhotel

Klaus K. Hotel kaart 2, G 5

In de magische driehoek van Esplanade, Mannerheimintie en Erottaja werd in 1882 een meisjesschool geopend, die in 1912 door Lars Sonck is verbouwd tot een hotel. Na een renovatie is het in 2005 heropend en werd het Klaus K. het eerste designhotel van Finland. Alle 171 uitstekende kamers zijn individueel ingericht en voorzien van een mystieke naam. Als geld geen grote rol speelt, kun je overnachten in een van de drie loft-suites, die garant staan voor een bijzondere belevenis. Stijvol aangekleed zijn ook de fitnessstudio en de gastronomische afdelingen: het Italiaanse fijnproeversrestaurant Toscanini, het ontbijtrestaurant en de loungebar.

Bulevardi 2-4, tel. 020 770 47 00, www.klauskhotel.com, tram: 1, 3, 6, 10, 2 pk € 140-250

Boven de daken van de stad

Sokos Hotel Torni kaart 2, G 5

De naam 'Toren' van dit jugendstilhotel bij de Oude Kerk geeft al aan dat je hier op grote hoogte kunt verblijven.

Bar Runar van Hotel F6 is vernoemd naar de architect Runar Finnilä, maar in de eerste plaats naar de hond van het huis.

Het gebouw van veertien verdiepingen, een imposant icoon van de art-decostijl, was lange tijd het hoogste gebouw van Helsinki. Het Torni beschikt over 152 zorgvuldig gerestaureerde en luxueus ingerichte kamers (vraag bij het boeken naar een van de hogergelegen kamers, het uitzicht is echt gaaf). Op gastronomisch vlak biedt het hotel het trendy restaurant Torni met een verfijnde Finse keuken, de O'Malley's Irish Pub, de American Bar en de panoramische torenbar Ateljee (▶ blz. 43) met een fantastisch uitzicht over de stad.

Yrjönkatu 26, tel. 020 123 46 04, www.sokoshotels.fi bus: 7, 9, 2 pk € 190-330

Een hotelhond die Runar heet

Hotel F6 kaart 2, H 5

Dit familiehotel is met 66 kamers in verhouding niet al te groot. Men legt hier de nadruk op hoge kwaliteit en duurzaamheid, met gebruik van groene energie, verantwoorde materialen en kruiden uit de eigen kas. De kamers zijn ingericht in de stijl van een boetiekhotel en van alle gemakken voorzien. Het geeft het gevoel van een mooi begin van de dag als 's ochtends het ontbijt voor je ogen wordt bereid. Daarna kun je een van de fietsen van het hotel huren, ook al is dat op deze toplocatie (in een zijstraat van de Esplanade) eigenlijk helemaal niet nodig. Wie van cultuur wil genieten vindt in de nabije omgeving musea en galeries, wie liever wil winkelen kan uitstekend terecht in de naburige winkelcentra, en verder zijn alle bezienswaardigheden van het centrum gemakkelijk te voet te bereiken. Even bijkomen is mogelijk in het schaduwrijke park bij de Oude Kerk en voor echte ontspanning kun je naar het prachtige jugendstilbadhuis. 's Avonds is het nog aangenaam vertoeven in Bar Runar, die is vernoemd naar de architect en de alomtegenwoordige huishond van het hotel. Het trendy hotel biedt verder een moderne fitnessruimte, een gezellige kleine binnenplaats en enthousiast personeel, maar is dan ook weer niet heel goedkoop.

Fabianinkatu 6, tel. 09 68 99 96 66, www.hotelf6.fi, tram: 2, 2 pk € 190-300

Voor fijnproevers en snoepers

In het verleden was Helsinki een gastronomische woestenij, maar nu wemelt het er van de restaurants, die keukens uit de hele wereld hierheen brengen. De restaurants met specialiteiten van Lapland versterken het exotische nog meer.

De ligging tussen oost en west heeft ook op de menukaart haar sporen achtergelaten. Tot het Zweedse culinaire erfgoed behoren de gemarineerde haring, de degelijke kost van *pyttipannu* met gebakken aardappelen, uien en spek, en de traditie van het rivierkreeft eten. De pirog *(piirakka)* komt uit de oude Fins-Russische streek Karelië. De hartige deegtasjes gevuld met aardappel of rijst kun je goedkoop in de supermarkt kopen – een lekker tussendoortje! Over het algemeen hebben de Finnen een voorkeur voor seizoensgerechten met ingrediënten uit bos (bessen, paddenstoelen, rendiervlees) en zee (vis, schelp- en schaaldieren). En alomtegenwoordig is het roggenbrood *(ruisleipä)*.

Na de sauna eten de Finnen het liefst een stuk worst *(makkara)* met daarbij een glas bier *(olut)*. En als je het over de duivel hebt: de Finnen zijn beroemd en berucht om hun alcoholconsumptie. Vanwege de enorm hoge prijzen van alcoholische dranken en het staatsmonopolie op drankzaken reserveren Finnen dit genot vaak voor het weekend, waarbij ze de afgelopen dagen meteen inhalen – met voorspelbare gevolgen.

Rendier (poro) in een doosje

RESTAURANTDAG

Het beste voorbeeld van de Finse lust tot experimenten en voorliefde voor streetfood is de vier keer per jaar gehouden **Restaurant Day** (www.restaurantday.org). Deze dag werd in 2011 voor het eerst in Helsinki gehouden en is sindsdien overgenomen in veel andere steden in de hele wereld. Op deze dag kan iedereen een pop-uprestaurant openen, waardoor de stad verandert in een luilekkerland.

SNOEPERS

… zullen de Finse variant van het **kaneelkoekje**, de *korvapuustit* niet versmaden. De beste **lekkernijen** van Finland zijn die van het merk Fazer, zoals de blauwe Fazer-chocolade en de zoute Lakritz Salmiakki.

Zo begint een goede dag in Helsinki

Brunchen met Bob

Dylan Arabia buiten kaart H 1

Design met een grote variatie in eten: de retro-decostijl is een eerbetoon aan de beroemde Amerikaanse musicus, het wisselende brunchbuffet (€ 19,50) biedt alles wat het hart begeert: vele salades, zelfgemaakte Karelische pirog, fruit of taart... Warm of koud, met deze brede keus aan eten is er voor iedereen wel iets. Inmiddels heeft Dylan naam gemaakt als een van de beste brunchcafés van de stad.

Hämeentie 153 B, tel. 040 169 01 02, www.dylan.fi/arabia, tram: 6, lunch (€ 9-14) ma.-vr. 11-14, brunch za.-zo. 11-15.30 uur, € 8-13

Koffiemekka

La Torrefazione kaart 2, G 5

In de kleine, onopvallende koffiezaak in het hart van Helsinki serveert men niet alleen goede fairtradekoffie voor een echte Finse *kahvipaussi*, maar ook een heerlijk ontbijt (€ 12,50); en in het weekend een brunch (€ 22-24).

Aleksanterinkatu 50, tel. 094 289 06 48, www.latorre.fi, tram: 1, 3, 6, 10, ma.-vr. 7.30-20, za. 9-19, zo. 10-18.30, ontbijt ma.-vr. 7.30-10, brunch za. 9-12, zo. 10-13.30 uur, lunch € 10-14

Here comes the Sunn

Sunn kaart 2, H 5

Klassiek brunchbuffet (€ 23) in een van de oudste panden van Helsinki, met quiche, müsli, salade, soep, fruit en nog meer. Eventueel neem je er een glas prosecco of wijn bij. En het beste komt nog: onder het eten kun je relaxt de bedrijvigheid op het Senaatsplein bekijken. Ideaal voor een ontspannen culinaire start van de dag. Daarmee begint de zon pas echt te schijnen...

Aleksanterinkatu 26, 2e verdieping, tel. 010 231 28 00, www.ravintolasunn.fi, tram: 1/1A, 2, 4/4T, ma.-di. 11-15, wo.-vr. 11-23, brunch za.-zo. 10-16 uur, lunch € 10-14, hoofdgerecht € 22-29

Smullen op de markt

Moko Market F 6

In het industriegebouw van rood baksteen vind je naast een interieurzaak met allerlei vintage- en decoratiespullen een klein café dat sinds 1991 wordt gerund door twee zussen. De lekkere zaterdagbrunch (€ 19,90) biedt een geweldige keus aan regionale en biologische producten. Met een zelfgemaakte smoothie in de hand kun je heerlijk ontspannen in de gemoedelijke sfeer van een verbouwd pakhuis.

Perämiehenkatu 10, tel. 010 315 61 56, www.moko.fi, tram: 1, ma.-vr. 8-18, za. 10-17 uur, ontbijt € 12, lunch € 9-12

Kuifje en Bobbie in de wassalon

Tin Tin Tango F 3

Wie van de avonturen van de Belgische stripfiguur Kuifje (in het Frans Tintin) houdt, is hier aan het juiste adres. het sfeervolle café biedt trouwens nog veel meer: Een echte aanrader voor langslapers zijn bijvoorbeeld de voedzame continentale ontbijtcombinaties die van 's ochtends tot 's avonds te krijgen zijn. In de loop van de avond wordt het café met de stripklassiekers aan de muren omgetoverd tot een bar. Dan wordt het hier nog multifuctioneler: helemaal achterin staat bovendien een wasmachine. Als je misschien dringend een was moet draaien, dan kun je hier terecht.

Töölöntorinkatu 7, tel. 09 27 09 09 72, www.tintintango.fi, ma.-vr. 7-24, za. 9-24, zo. 10-21 uur, ontbijt € 6 11

Ontbijten bij Fazer

Fazer Café kaart 2, G 5

Een echte tip voor liefhebbers is het ontbijt in het chique koffiehuis Fazer. Als je van de Aleksanterinkatu via de Kluuvikatu terugwandelt naar de Esplanade, zie je onderweg aan je linkerhand de opvallende zwarte façade van dit gerenommeerde café, dat voor de opening in 1930 met veel marmer werd ingericht. Van 7.30 tot 10.30 uur kun je hier voor een redelijke prijs (€ 13,90) uitgebreid smullen. Het uitstekende buffet biedt niet alleen een grote verscheidenheid aan drankjes, soorten brood, fruitsalades enzovoort, maar bovendien zelfgemaakte taarten. Voor langslapers is er in het weekend van 9/10 tot 14 uur een brunch (€ 23,90). De delicatessenwinkel lokt verder nog met een groot assortiment brood, taart, banket en de vermaarde Fazer-chocolade en andere lekkernijen.

Kluuvikatu 3, tel. 020 729 67 02, www.fazer.fi, tram: 2, 4, 5, 7, ma.-vr. 7.30-22, za. 9-22, zo. 10-18 uur, lunch vanaf € 9,90

DUURZAAM ETEN

Vegetarisch in Vietnamese stijl

Sen Chay H 3

Dit kleine, verrassend goede restaurant ligt wat verscholen in een achterplaats (volg het bord dat de richting aangeeft). Gerechten als gebakken rijst, noedels, tofoe, wokgroente en Vietnamese soep vind je hier te kust en te keur en voor prijzen die nergens lager zijn, vegetarisch en veganistisch, ook om mee te nemen. Zeker een aanrader voor Aziatisch georiënteerde vegetariërs.

Siltasaarenkatu 3-5, tel. 040 835 22 53, metro: Hakaniemi, ma.-vr. 9-20, za.-zo. 12-20 uur, hoofdgerecht € 9-11

M
MÄMMI

Mämmi, een gebakken, maar koud geserveerde **moutpudding**, wordt door Finnen als een **nationaal gerecht** beschouwd. Mämmi wordt vanouds op Goede Vrijdag gegeten, omdat men vroeger op deze dag niet mocht koken. De pudding is overigens geen lust voor het oog – een Amerikaanse gezant zou na de Tweede Wereldoorlog ontzet zijn geweest, omdat hij dacht dat de Finnen hun eigen uitwerpselen opaten… Ook in Finland is deze specialiteit niet bij iedereen even geliefd: meestal wordt mämmi met slagroom en suiker geserveerd om de mout wat meer smaak te geven.

Een buffet, s'il vous plaît

Silvoplee G 3

Hier wil je alles wel een keer proeven. De grote troef van dit grootste en populairste vegetarische restaurant van de stad is het reusachtige buffet. Fruit, groente, salades, sauzen, soepen en warme gerechten – bij dit buffet vind je bijna alles. Al kun je misschien maar beter niet al te veel nemen: er wordt afgerekend naar gewicht en dan is het niet echt goedkoop. Het grootste deel van de gerechten is bovendien veganistisch en biologisch. Als je na het buffet nog wat ruimte over hebt, kun je een bezoekje brengen aan de naburige smoothiebar met drankjes, hapjes en rauwkost. De naam zinspeelt overigens niet alleen op het Franse *s'il vous plaît*, maar verwijst ook naar de naam van de eigenares, de actrice Satu Silvo.

Toinen linja 7, tel. 09 726 09 00, www.silvoplee.fi, metro: Hakaniemi, tram: 3, 9, ma.-vr. 11-19, za. 11-18 uur; smoothiebar: ma.-vr. 8-19, za. 10-18 uur, prijs naar gewicht van het bord ca. € 10

Groene groente

Zucchini kaart 2, H 5

De naam is een soort understatement: je kunt hier niet alleen courgette krijgen, maar allerlei groentes. Dit kleine en gezellige restaurant ligt niet ver van de Esplanade. De bezoekersaantallen spreken voor zich: vaak zit het hier zo tjokvol dat je nauwelijks een zitplaats kunt bemachtigen. De dagelijks wisselende lunch biedt grote porties tegen redelijke prijzen. Het restaurant is helaas alleen door de week en ook alleen rond lunchtijd geopend. Het menu staat niet in het Engels op de kaart vermeld, maar het personeel helpt gelukkig graag als iets niet duidelijk is.

Fabianinkatu 4, tel. 09 622 29 07, tram: 1/1A, 2, ma.-vr. 11-16 uur, € 10-12

Kleurrijk en lekker

Omnam kaart 2, G 5

Vers, veelzijdig en verrukkelijk: in het weekend serveert men hier wisselende vegetarische lunches met soepen, warme gerechten en een luisterrijk salade-

Gezellige sfeer in kleine cafés als Regatta – als tegenhanger van de stijlvolle lounges in de binnenstad.

buffet. Veganistische gerechten worden speciaal aangegeven, verder ook veel glutenvrij, biologisch en uit de streek. Op de kaart staan ook internationale gerechten, zoals het Zuid-Indiase dosa met sambar. Het café lokt met dagelijks wisselende zoete en hartige gerechtjes, maar het accent ligt op de populaire rauwkostkeuken.

Annankatu 29 B (binnenplaats), tel. 050 374 40 45, www.omnam.fi, tram: 7, 9, metro: Kamppi, ma.-vr. 11-15, za. 12-15 en wo.-za. 17-22 uur, lunch € 9-18

Fastfood voor vegetariërs

Soi Soi H 2

Vegetarisch kan ook ongezond! In de hippe wijk Kallio kunnen zelfs veganisten calorierijk eten. In dit kleine eethuisje vind je een grote keus aan veggieburgers en nog veel meer. Als je echt Fins wilt eten, kies je bij de burger roggenbrood in plaats de gebruikelijke witte broodjes. Een echte Fin draait zijn hand niet om voor het bestellen van een tongbreker als *Tuplajuustosoippurilainen*, waarbij je een dubbele portie kaas krijgt.

Vaasankatu 9, tel. 045 149 74 08, www.soisoi.fi, tram: 1, 6, 7, 8, metro: Sörnäinen, ma.-za. 11-23, zo. 13-21 uur, € 6-12,50

Koffie- en theetempel

Johan & Nyström H 5

Koffieleuten worden pal achter de Oespenskikathedraal verwend met een enorme keus aan thee en koffie, met daarbij zoete of hartige taart. Op de plaats waar ooit de paardenstal van de tsaar stond,

BEST OF

Voor een goed begin van de dag is het ontbijtbuffet in **Café Fazer** (▶ blz. 91) of **Café Ekberg** (▶ blz. 43) aan te raden. De mooiste plekjes om in alle rust van een Finse *kahvipaussi* te genieten zijn **Café Regatta** (▶ blz. 65), **Café Engel** (▶ blz. 22), **Café Kiasma** (▶ blz. 39) en **Café Ursula** (▶ blz. 60). Tot de beste restaurants behoren **Aaltos Designrestaurant Savoy** (▶ blz. 82), **Walhalla** (▶ blz. 76) op Suomenlinna en **Kappeli** (▶ blz. 28) aan de Esplanade. Gerookte specialiteiten vind je bij **Savu** (▶ blz. 52), en een lekkere Kievkip (krokante kipfilet met vulling) bij **Bellevue** (▶ blz. 49).

biedt het gemoedelijke, uit hout en baksteen opgetrokken café een authentieke sfeer met moderne design. De koffie van hoge kwaliteit wordt rechtstreeks van de producent betrokken.

Kanavaranta 7C, tel. 040 562 57 75, www.johanochnystrom.se/fi, tram: 4, 5, ma.-za. 8-19, zo. 9-18 uur, taart € 3-9

KLASSIEKERS EN HIPPE ZAKEN

Esplanade live

Café Strindberg kaart 2, G 5

Het degelijke café-restaurant in een chique omgeving houdt de rijke traditie van de koffiehuiscultuur in het verder zo trendy en modieuze Helsinki in leven. Het café is ingebed in de Galleria Esplanad (▶ blz. 100) en biedt met grote ramen uitzicht op het noordelijke deel van de Esplanade. Het is een populaire plek om te zien en gezien te worden. Het een verdieping hoger gelegen restaurant Marikahvila zorgt met modern design voor een contrast. Hier serveert men Fins-mediterrane gerechten, waarin rivierkreeftjes, jakobsschelpen, mozzarella, geitenkaas en vlees en vis worden verwerkt. Voor een lekkere lunch kun je dan weer terecht in Strindbergs Bakficka (achterzak).

Pohjoisesplanadi 33, tel. 09 61 28 69 00, www.strindberg.fi, tram: 1-7, 10, café: ma.-di. 9-21.30, wo.-za. 9-23.30, zo. 12-20 uur, taart € 4-9; restaurant: ma.-di. 11.30-22, wo.-vr. 11.30-24, za. 13-24 uur, hoofdgerecht € 20-32

FOOD ON TOUR

Liefde gaat door de maag – ook die voor een stad! Tijdens een culinaire wandeling ervaar je alles wat je altijd al over de Finnen en hun eten wilde weten. Bij **Heather's** ga je met de 'vork in de hand' op een tour (www.heathershelsinki.com, 4,5 uur, € 89). Korter en goedkoper is de tour van **Happy Guide Helsinki** (www.foodtourshelsinki.com, 2 uur, € 35).

Blauwe zomervilla in het groen

Café Sininen Huvila G 3

De 'Blauwe Villa' is een alleraardigst klein buitencafé, dat op een korte loopafstand van het stadscentrum in de pittoreske omgeving van Linnunlaulu (Vogelzang) ligt. Midden tussen de houten villa's uit de 19e eeuw kun je hier genieten van een grote keus aan heerlijke kaneelkoekjes en andere lekkernijen en taartjes, terwijl je ook nog een prachtig uitzicht op Helsinki hebt. Omdat je hier buiten zit, zijn de openingstijden afhankelijk van het weer. Op een zonnige dag is een bezoekje zeker de moeite waard. Je kunt het dan mooi combineren met een wandeling langs de bij fietsers en joggers populaire route rond de Töölönlahtibaai.

Linnunlauluntie 11H, tel. 050 408 08 16, tram: 1, 8, dag. 10-22 uur, in de winter alleen za.-zo., taart € 2-6

Echt Fins

Kolme Kruunua kaart 2, H 4

Dit restaurant ten noorden van het centrum is als een van de weinige al jaren onveranderd gebleven. Kolme Kruunua ging in 1928 open als café 'Drie kronen' en is sinds 1952 een restaurant. Het sympathiek ouderwetse interieur staat ver van alle huidige trends. Ook het eten – degelijke Finse gerechten zoals gebakken haring, gehaktballetjes of *pyttipannu* – en de prijzen passen bij deze omgeving. Wanneer de keuken om middernacht dichtgaat, blijft de zaak als kroeg nog een hele tijd open. Misschien dat chef-kok Heikki Niska dan voorleest uit zijn dichtbundels; per slot van rekening is hij de enige dichter-kok van Finland.

Liisankatu 5, tel. 09 135 41 72, www.kolmekruunua.fi, tram: 7, ma.-vr. 16-1/2, za.-zo. 14-2/1, keuken tot 24, zo. 23 uur, hoofdgerecht € 15-33

Uitzicht in het rond

Café Carusel G 7

In dit koffiehuis, gevestigd in een rond gebouw aan de Merisatamanrantabaai met een van de populairste terrassen met zeezicht, kun je lekker even bijkomen tijdens of na een wandeling langs de kust. Bij het gebouw vind je ook het vertrekpunt van boten naar de eilanden. Erachter liggen het Kaivopuistopark en de jugendstilwijk Eira. Voor de lunch (11-14 uur) kun je er terecht voor koffie, taart, salade, sandwiches en lekkere hapjes. 's Zomers geniet je hier vooral van de zon, 's winters van warme chocolademelk met kaneelkoekjes.

Merisatamanranta 10, tel. 09 622 45 22, www.carusel.fi, tram: 1, mei-aug. dag. 10-22, nov-febr. 10-17, anders 10-19 uur, hoofdgerecht ca. € 15

Trefpunt van kunstenaars

Kosmos kaart 2, G 5

Dit legendarische restaurant wordt al sinds de opening in 1924 door een en dezelfde familie geleid. Sinds de jaren 50 heeft Kosmos de naam een restaurant voor de bohème te zijn; vooral schrijvers beschouwden het als een tweede huiskamer. Tot op de dag van vandaag is Kosmos een kunstenaarstent gebleven. De inrichting is licht en elegant, en de keuken legt zich toe op zowel innovatieve Finse gerechten als klassiekers als wienerschnitzel, *vorschmack* en gemarineerde haring. Vooral de culinaire experimenten zijn een bezoekje aan Kosmos waard.

Kalevankatu 3, tel. 09 64 72 55, www.kosmos.fi, tram: 1, 3, 6, 10, ma.-vr. 11.30-1, za. 16-1 uur, hoofdgerecht € 15-36

Panorama en zee

Meripaviljonki G 3

Het paviljoen aan zee in Hakaniemi is alleen al een genot vanwege de architectuur. Het aan de baai Eläintarhanlahti gelegen restaurant biedt met zijn glazen façade een fantastisch uitzicht over het water. Ook op culinair gebied heeft het heel wat te bieden: vis, zeebanket en zeekreeft domineren de menukaart, en ook bij de ruime zondagbrunch (€ 34,50) ontbreekt de smaak van de zee natuurlijk niet.

Säästöpankinranta 3, tel. 020 742 53 20, www.ravintolameripaviljonki.fi, metro: Hakaniemi, tram: 3, 6, 7, 9, ma.-di. 11-22, wo.-vr. 11-24, za. 14-24, zo. 11-17 uur, hoofdgerecht € 20-32

T
TOILET

Mannen zijn gewoon 'mies'. Dat het Fins helemaal niets met andere Europese talen te maken heeft, wordt behalve uit het beroemde *yksi*, *kaksi*, *kolme* (een, twee, drie) ook op andere manieren duidelijk. Bij ieder straatnaambord, ieder krantenartikel en ieder reclamebord, met hun vaak bizarre aaneenschakelingen van dubbele klinkers en dubbele medeklinkers, vraagt men zich vergeefs af wat in vredesnaam de strekking zou kunnen zijn. En welke toiletdeur moet je kiezen als het gaat om de keuze tussen 'M' en 'N'? Welnu: het Finse woord voor man is *mies*, en voor vrouw *nainen*.

Fins eten voor een redelijke prijs

Konstan Möljä F 6

Eenvoudig, maar lekker: zelfbereide traditionele Finse gerechten waarvoor je normaal alleen terecht kunt in dure sterrenrestaurants. Hier serveert men rendier, zalmsoep, vleesballetjes, gemarineerde haring en de door Finnen zo geliefde aardappelen in alle denkbare variaties voor een betaalbare prijs, of het nu à la carte is of bij een 'all you can eat'-avondbuffet (€ 20). De *vorschmack*, een gerecht van lamsvlees en ansjovis, is gewoon heerlijk. De eigenaar wil graag ook een jonger publiek laten kennismaken met de traditionele Finse keuken. Dat lukt hier bijzonder goed: de rustieke ambiance met hout en maritieme aandenkens ademt een sfeer van het oude Finland.

Hietalahdenkatu 14, tel. 09 694 75 04, www.konstanmolja.fi, tram: 6, 7, 9, di.-vr. 17-22, za. 16-23 uur

Bij volle maan

Kuu F 3

De inrichting van Kuu (Maan) sluit aan bij de keuken: beide zijn helder een eenvoudig. Dat neemt niet weg dat Kuu een echt toprestaurant is. Hier komen Finse klassiekers en Scandinavische gerechten met een moderne toets op tafel. Dankzij de natuurlijke ingrediënten ontvouwen zich heerlijke aroma's. Je hebt hier een grote keus aan wijnen.

Töölönkatu 27, tel. 09 27 09 09 73, www.ravintolakuu.fi, tram: 1, 2, 4, 8, 10, ma.-vr. 11.30-24, za. 14-24, zo. 16-23 uur, hoofdgerecht € 19-30

Op het eiland

Saari G 7

Dit restaurant met balkon, terras en jachthavenbar ligt ongeveer 200 m voor de kust van het stadsdeel Eira en is ideaal voor iedereen die op een mooie zomerdag op zijn gemak wil genieten van een fraai uitzicht en goed eten. Op de menukaart staan Finse specialiteiten, vooral verse vis. Tijdens het rivierkreeftenseizoen is er nauwelijks een populairder adres te vinden. De gasten worden naar Saari gebracht met een kleine veerboot, die om de 20 minuten van de Merisatamanranta (achter Café Carusel) vertrekt. De prijs van de overtocht wordt bij de rekening van het restaurant opgeteld.

Sirpalesaari, tel. 09 74 25 55 66, www.ravintolasaari.fi, bus 24 tot Merikatu, dan vanaf de Merisatamanranta passagiersveerboot, mei, sept. ma.-za. 17-23, juni-aug. ma.-za. 12-23, zo. 16-22 uur, menu € 55-60

EXPERIMENTEEL EN ONGEWOON

Aan de top

Base Camp kaart 2, G 5

Finnen houden van de Nepalese keuken. In het centrum van Helsinki bestaat de mogelijkheid om de exotische gerechten van dit land in de Himalaya een keer te proeven. Men serveert onder andere diverse tandoorigerechten, het deegtasje *momo* en heerlijk naanbrood voor redelijke prijzen. Voor de lunch zijn er speciale aanbiedingen (vanaf € 9). Hier bereik je gegarandeerd op heel ontspannen wijze de Everest van de smaakervaring.

Yliopistonkatu 5, tel. 040 964 34 64, www.basecampnepal.fi, tram: 2, 4, 5, 7, metro: Helsingin Yliopisto, ma.-do. 10.30-23, vr. 10.30-24, za. 11-24, zo. 12-23 uur, hoofdgerecht € 16-28

Pannenkoek in Russische stijl

Blinit G 2

Russisch eten voor de kleine beurs: een aardig en goedkoop fastfoodrestaurant in de hippe wijk Kallio, waar men natuurlijk voornamelijk blini's serveert. Deze pannenkoek uit Rusland kan worden verrijkt met een grote variatie aan uiteenlopende zoete of hartige vullingen. Vanbuiten doet het restaurant meer aan als een cafetaria, maar dankzij de verse ingrediënten en de lage prijzen is een bezoekje de moeite waard.

Sturenkatu 9, tel. 040 090 96 03, www.blinit.fi, tram: 1, 3, 8, di.-vr. 12-22, za.-zo. 13.30-22 uur, € 4,50-12

Bij de Moemins

Mumin Café H 4

Hier vind je naast allerlei zoete lekkernijen ook hartige hapjes voor tussendoor. Toch staat het eten hier niet op de eerste plaats, want eigenlijk draait alles om de kleine witte trollen. Zelfs het servies, dat je tevens in de bijbehorende winkel kunt kopen, staat helemaal in het teken van de Moemins. Vooral voor kleine gasten ontbreekt het hier aan niets: zo is er onder andere een speelhoek. Het in 2016 geopende café voor Moeminfans was het eerste in zijn soort in Europa, maar inmiddels zijn er al veel meer, niet in de laatste plaats in Helsinki.

Liisankatu 21, tel. 050 328 62 72, www.muminkaffe.com, tram: 7, dag. 9-19 uur, taart € 4-10

Back to the roots

Juuri kaart 2, G 6

De creativiteit in combinatie met natuurlijke, in de eigen streek geproduceerde en biologische ingrediënten levert hier als resultaat een innovatieve culinaire ervaring. De specialiteit van het huis zijn de beroemde *sapas* (€ 7,80 per portie), Finse tapas in diverse groottes en smaakrichtingen. Deze smaakmakers vertegenwoordigen een dwarsdoorsnede van de traditionele Finse keuken en bereiden de smaakpapillen alvast voor. De meesterkoks verkennen de eigen geschiedenis en eettradities en presenteren die op een volslagen nieuwe manier. Dit alles volgens de filosofie 'terug naar de wortels' (Fins: *juuri*).

Korkeavuorenkatu 27, tel. 09 63 57 32, www.juuri.fi, tram: 10, ma.-vr. 11.30-23 (14.30-17 uur keuken gesl.), za. 12-23, zo. 16-23 uur

De wereld rond

Onda H 2-3

Naast een menu à la carte kun je hier 's middags (11-15 uur) terecht voor een buffet (€ 10,20) met heerlijkheden uit de hele wereld en diverse opties, zoals glutenvrij en veganistisch. Liefhebbers van vlees komen hier trouwens ook aan hun trekken. Een aanrader is de Peruaanse zaterdagbrunch. Vanaf 22 uur verandert het restaurant in de populaire nachtclub Siltanen.

Hämeentie 13B, tel. 044 066 05 30, www.ondaruokala.fi, tram: 6, 7, ma.-za. 11-22 uur, zaterdagbrunch 11-15.30 uur, € 22

Laplandse magie in Helsinki

Saaga kaart 2, F 6

Het twee verdiepingen tellende Saaga maakt dankzij de inrichting met rendierhuiden en -geweien aan de muur en afbeeldingen van Samische sjamanentrommels al meteen duidelijk welke culinaire wind hier waait. Met traditionele gerechten als reepjes rendiervlees, op een open vuur gerookte zalmforel en een voorgerechtschotel met Laplandse delicatessen kun je een culinair uitstapje naar Lapland maken. Ook de kruipbraam, die veel voorkomt in Lapland, ontbreekt uiteraard niet op de menukaart. Enkele gerechten worden geserveerd in rustieke gietijzeren pannetjes en op houtplankjes, de drankjes in houten bekers (*kuksa*).

Bulevardi 34, tel. 09 74 25 55 44, www.ravintolasaaga.fi, tram: 1, 3, 6, ma.-za. 18-23 uur, hoofdgerecht € 22-42

Pure vreugde op het bord

Sandro G 3

Dit fijne restaurant in Kallio biedt een op het Midden-Oosten en Noord Afrika geïnspireerde smaakervaring. Naast het geweldige saladebuffet als lunch biedt het ook seizoens- en streekproducten. Dankzij een enorme keus aan salades, taarten en smoothies is dit een aanrader om te brunchen: van de 'Marrakech Madness' (€ 29,90) kun je in het weekend heerlijk smullen.

Kolmas linja 17, tel. 096 128 51 51, www.sandro.fi, tram: 1/1A, 3, 9, ma.-do. 11-22, vr. 11-24, za. 12-14, zo. 12-21 uur, lunch € 12,90

Eten als een tsaar

Troikka E 4

Dit traditionele restaurant, dat als sinds de jaren 20 van de 20e eeuw niet ver van de Tempelkerk in bedrijf is, is ingericht als een woonkamer uit de tijd van de tsaren. De voormalige eigenaar, kolonel Barring, had dan ook in het leger van de Russische tsaar gediend. De porties zijn royaal en de gerechten zijn smakelijk, van het koude voorgerecht *zakuski* en de soepen als *soljanka* en borsjtsj tot de hoofdgerechten als Kievkip, biefstuk stroganoff, pepersteak en sjasliek van lamsvlees. De prijzen zijn bescheidener dan bij de meeste andere Russische restaurants in Helsinki.

Caloniuksenkatu 3, tel. 09 44 52 29, www.troikka.fi, tram: 1, 2, 4, 8, di.-vr. 17-22.30, za. 14-22.30 uur, hoofdgerecht € 22-30

HAPJES VAN DE GRILLI

In plaats van 's middags in een restaurant te lunchen, eten de Helsinkiërs graag een hapje uit de hand. Kiosken zijn overal in de stad te vinden, en een indruk van de kwaliteit wordt gegeven door de wachtrij die bij een *grilli* of een *nakki-kioski* (worstenent) staat – ook als het vriest. De kiosken verkopen koffie, burgers, patat, hotdogs, pirog en nog wel meer. De beste grilli van de stad zou Jaskan Grilli in Töölö (Dagmarinkatu 2) zijn. Wat fastfood betreft: in Finland heeft de keten Hesburger nog altijd een streepje voor op het grote Amerikaanse McDonald's.

Even geen haring – winkelen

Dat toeristen uit binnen- en buitenland naar de Finse hoofdstad komen om te winkelen was lange tijd onvoorstelbaar. Wat zou je hier willen kopen – haring? De economische groei, en dan vooral de 'uitvinding' van het Fins design, heeft een enorme verandering teweeggebracht.

Het grote voorbeeld hiervan is de Esplanade, die oorspronkelijk alleen als wandelgebied was bedoeld. Tegenwoordig is ze de spil in diverse stromen van bezoekers, die in deze buurt de etalages van de wereldberoemde Finse merken willen bekijken of op speurtocht gaan naar andere winkelstraten in de buurt.

De kleine buurtwinkeltjes, de rommelige overvolle winkels met allerhande snuisterijen en de markten, die nog iets van het oude Finland laten zien zijn er natuurlijk ook nog wel. Maar hiertegenover staan tegenwoordig schitterende winkelcentra, goed gevuld met klanten (vaak uit Rusland of Oost-Azië), chique boetieks, populaire modezaken en talloze jonge, onafhankelijke en onconventionele winkelconcepten waarmee zelfs veel grotere steden nog heel blij zouden zijn. Ook op het terrein van het winkelen slaagt Helsinki er dus in om de kloof tussen mondaine consumptietempels en markten met regionale producten, en tussen creatieve avant-garde en landelijke tradities te overbruggen.

Het ijzer smeden als het heet is – dat geldt zeker ook voor koopjesjagers.

HIPPE WINKELS

De populaire winkelbuurt tussen de **Esplanade** en het **stationsplein** wordt gekenmerkt door winkelcentra van enkele verdiepingen. Het **designdistrict** ten zuidwesten van de Esplanade staat in het teken van jonge mode, meubels, hairstylen, clubs en hybride restaurants. De noordgrens van het district ist de **Bulevardi** – met kunst, antiek en lederwaren. Verder naar het westen verkopen de boetieks vooral kleding en interieurinrichting.

DESIGNWEEK

Mode, architectuur, stedelijke cultuur – in september worden ze samengebald in een week. Sinds 2005 inspireert de **Helsinki Design Week** als het grootste designfestival van Noord-Europa met een veelzijdig programma van meer dan tweehonderd evenementen.
www.helsinkidesignweek.com

BOEKEN EN MUZIEK

Niet alleen voor academici

Akateeminen Kirjakauppa
kaart 2, G 5
Aan de buitenkant donker en afwijzend, binnen veel licht en heldere tinten – de Academische Boekhandel is een fraai bouwwerk van enkele verdiepingen dat is ontworpen door de grote meester Alvar Aalto. Als een van de grootste boekhandels in Europa biedt men ook vakboeken en literatuur in het Engels. En je kunt een kopje koffie drinken in Café Aalto.

Pohjoisesplanadi 39, www.akateeminen.com, tram: 1, 2, 3, 4, 6, 10, ma.-vr. 9-21, za. 9-19, zo. 11-18 uur

Oude bijzondere boeken

C. Hagelstam Antikvariaatti
kaart 2, G 6
Liefhebbers van boeken kunnen voor dit anitiquariaat maar beter de tijd nemen. Het aanbod van internationale boeken over architectuur, design, muziek en kunst en verder oude land- en zeekaarten, prentbriefkaarten en drukwerk vanaf de 17e eeuw is ronduit overweldigend. Veel schatten zijn online te koop.

Fredrikinkatu 35, www.cecilhagelstam.com, tram: 1, 3, 6, ma.-vr. 10-18, za. 10-16 uur

Coole platenzaak

Digelius kaart 2, G 6
Hier kun je heerlijk rondsnuffelen in een fantastische collectie zeldzame jazzplaten, en verder folk, Finse muziek en wereldmuziek. In hetzelfde pand verkoopt **Eronen** (www.dubjazzsalsa.com) soul- en reggaeplaten. Bovendien vind je om de hoek bij **Tritone** (Johanneksentie 8 C, www.tritonerecords.fi) zeldame platen.

Laivurinrinne 2, www.digelius.com, tram: 1, 3, ma.-vr. 11-18, za. 10-16 uur

Van alles voor iedereen

Black & White H 3
Deze platenzaak in Hakaniemi is niet alleen een van de oudste in Helsinki, maar ook een de grootste en best gesorteerde: de nieuwe en tweedehands cd's en lp's bieden voor ieder wat wils.

Toinen Linja 1, www.blackandwhite.fi, metro: Hakaniemi, Tram: 3, 6, 7, 9, ma.-vr. 10-18, za. 10-15 uur

WARENHUIZEN EN WINKELCENTRA

Hét warenhuis van het noorden

Stockmann kaart 2, G 5
Dit warenhuis is niet alleen het bekendste van het land, maar ook – zo zegt men tenminste in Finland – het grootste van heel Scandinavië. De oorspronkelijk uit Lübeck afkomstige G.F. Stockmann opende al in 1862 zijn eerste winkel aan de Mannerheimintie. Hieruit ontstond later een heel imperium met filialen in tal van Finse steden. De huidige bakstenen façade van de stamzetel is tot stand gekomen na verbouwingen in de jaren 30 en in 1989 en omvat een heel stratenblok.

DWAZE DAGEN

Als heel veel Helsinkiërs opeens rondlopen met een gele plastic tas met het opschrift **Hullut Päivät** (in het Zweeds: Galna Dagar), dan weet je dat er wat aan de hand is bij **Stockmann**. Met de 'dwaze dagen', die tweemaal per jaar (in mei en in oktober) worden gehouden van maandag tot zondag, trekt het warenhuis duizenden klanten naar zijn filialen. Hierbij zijn ook producten te koop die Stockmann anders niet aanbiedt – en nu bijzonder goedkoop. Niemand weet precies wanneer de volgende dwaze dagen zijn – daarom moet je er nu bij zijn.

Het voor het laatst in 2010 uitgebreide vlaggenschip heeft een assortiment dat is verdeeld over acht verdiepingen en 50.000 m^2, waarbij onder andere alle chique merken in parfumerie en mode vertegenwoordigd zijn. Stockmann kan misschien in luister en grootsheid niet op tegen de mooiste qaleries van Europa, maar voor winkelende toeristen is het toch bijzonder interessant om rond te kij-

ken, zeker op de afdelingen met souvenirs en delicatessen. Bovendien krijgen bezoekers uit het buitenland 10% korting.
Aleksanterinkatu 52, www.stockmann.fi, tram: 1, 2, 3, 4, 6, 10, ma.-vr. 9-21, za. 9-19, zo. 11-18 uur

Schoenen en nog veel meer
Aleksi 13 kaart 2, G 5
De schoenenafdeling van Aleksi is een van de grootste in Helsinki. Ook als je op zoek bent naar modieuze kleding of kleding om elke dag te dragen van Finse en internationale merken, kun je hier uitstekend terecht. Het traditionele, als momument beschermde pand heeft een façade die een van de mooiste is onder de warenhuizen van Helsinki.
Aleksanterinkatu 13, www.aleksi13.fi, tram: 2, 4, 5, 7, ma.-vr. 10-20, za. 10-18, zo. 12-18 uur

Winkelen vlak bij de metro
Kamppi kaart 2, F 5
Dit multifunctionele complex dat enigszins als een groot betonblok aandoet, is met meer dan veertig miljoen bezoekers per jaar een van de grootste winkelcentra van het land. Het aanbod op het gebied van winkelen en gastronomie is gevarieerd en internationaal, en het gebouw van zes verdiepingen met een ondergronds bus- en metrostation maakt een overweldigende indruk.
Urho Kekkosenkatu 1, www.kamppi.fi, metro: Kamppi, ma.-vr. 9-21, za. 9-19, zo. 12-18 uur

Jong en oud forum
Forum kaart 2, G 5
Dat dit winkelcomplex oorspronkelijk werd gebouwd voor de Olympische Spelen en dus al meer dan zestig jaar oud is, zou je zo niet zeggen. Het Forum is dan ook al herhaaldelijk verbouwd en uitgebreid; tegenwoordig neemt het een heel stratenblok in en heeft het 120 winkels, restaurants en cafés onder zijn dak. Vooral de twee onderste verdiepingen doen supermodern aan. Het accent in het aanbod ligt op mode, maar het Forum is ook heel geschikt voor een culinaire tussenstop.
Mannerheimintie 14-20, www.forum.fi, metro: Kamppi, tram: 1, 2, 3, 4, 6, 10, ma.-vr. 10-21, za. 10-19, zo. 12-18, restaurants vaak tot 22/23 uur

Bijzonder chic
Galleria Esplanad kaart 2, G 5
Je moet je nu eenmaal een beetje aan de buurt aanpassen. Deze winkeltempel is dan ook aangesloten bij het chique hotel Kämp. Zodoende kun je hier bijzonder mooi winkelen op het hoogste (prijs)niveau – maar je kunt natuurlijk ook alleen kijken. De merken in de etalages zijn een soort who's who van de Finse en internationale modewereld.
Pohjoisesplanadi 29, www.galleriaesplanad.fi,tram: 2, 4, 5, 7, ma.-vr. 10-20, za. 10-18, zo. 12-16 uur

MARKTEN

Klassiekers
Kauppatori en Vanha kauppahalli kaart 2, H 5
De markten van **Kauppatori** en de Oude Markthal behoren tot de kenmer-

V VERWARMING

Zelfs in de winter krijg je in de Aleksanterinkatu (in de volksmond Aleksi) geen koude voeten. Een netwerk van leidingen onder het plaveisel houdt de straat sneeuw- en ijsvrij. Vooral rond kerst komt de verwarmde ondergrond de Helsinkiërs ten goede: vanaf eind november schittert de Aleksi onder een dak van guirlandes van licht, terwijl kinderen zich verbazen over de kerstversieringen in de etalages van het warenhuis Stockmann. Dit spektakel is zo geliefd dat de straat in de maand voor Kerstmis autovrij wordt gehouden. Het kerstseizoen begint op de laatste of voorlaatste zondag van november met een parade, waarbij ook de burgemeester en uiteraard de kerstman *(joulupukki)* met zijn slee en rendieren aanwezig zijn.

Elegante winkelomgeving in Forum

kende aspecten van de stad. Natuurlijk is de bedrijvigheid op een markt in de winter niet zo turbulent als in de zomer, maar de sneeuw en de oranje koffietenten zorgen wel voor een speciale sfeer. In de zomer ontvouwt zich in de drukte tussen de bonte kraampjes met allerhande koopwaar een bijna zuidelijk temperament. Als je de lokale specialiteiten probeert, kijk dan wel uit voor de niets ontziende meeuwen!

Iets voornamer gaat het er aan toe in de **Oude Markthal** (Vanha kauppahalli). Hier vind je zo'n dertig delicatessenzaken en kleine cafés, waar Finse heerlijkheden als rentierbout, berenvlees en kruipbramenjam te koop worden aangeboden – met daarbij lekkere broodjes die je ter plekke kunt opeten.

Markt: Kauppatori, tram: 2, ma.-za. 6.30-18, in de zomer ook zo. 10-17 uur; Oude Markthal: Eteläranta, www.vanhakauppahalli.fi, tram: 2, ma.-za. 8-18, in de zomer ook zo. 10-17 uur

Groot en authentiek
Hakaniementori en Hakaniemen kauppahalli H 3

De op een na belangrijkste markt van de stad wordt op een reusachtig groot plein gehouden, dat de kraampjes eigenlijk niet genoeg vullen voor een levendige sfeer (vooral niet in de winter). Toeristen zijn hier in de minderheid, en de Helsinkiërs zijn min of meer onder elkaar. Aan de andere kant is dat juist een voordeel van deze markt, als je minder behoefte hebt aan kraampjes met souvenirs en meer interesse voor het authentieke leven hebt. En dan ligt het prijsniveau hier ook beduidend lager dan op het centrale Kauppatori. De kraampjes van de nabije markthal zijn begin 2018 ondergebracht in de 'Glazen Hal', die als tijdelijke oplossing fungeert tijdens de dertig jaar durende renovatie van het historische bakstenen gebouw.

Markt: 6.30-16 uur, in de zomer bijna elke zo. 10-16 uur; vlooienmarkt Markthal: Hakaniemen torikatu 1, www.hakaniemenkauppahalli.fi, tram: 3, 6, 7, 9, metro: Hakaniemi, ma.-vr. 8-20, za. 8-18 uur

Marktkoopjes en -delicatessen
Hietalahdentori en Hietalahden kauppahalli F 6

Het grote en door representatieve gebouwen omringde plein Hietalahdentori is vooral in de zomer en in weekenden geliefd bij koopjesjagers. De vlooienmarkt 'Hietsun kirppis' die hier elke dag wordt gehouden is dan ook de grootste en bekendste van het land. Het plein wordt gedomineerd door de prachtige

Designsouvenirs: mooi van vorm, stabiel en degelijk

markthal Hietalahden kauppahalli. Na een tienjarig intermezzo dient de 'Hietsu' sinds 2013 weer als markthal in de klassieke zin, met delicatessenzaken, cafés en restaurants. Ideaal voor een hapje, een lunch of een diner.
Vlooienmarkt: Hietalahdentori, tram: 6,/6T, ma.-vr. 8-18, za. 8-16, in de zomer zo. 10-16 uur; Markthal: Lönnrotinkatu 34, www.hietalahdenkauppahalli.fi, ma.-vr. 8-18, za. 8-17 uur

CADEAUS, CURIOSA, DESIGN

Alvar Aalto en andere klassiekers

Artek kaart 2, G 5
Dit bedrijf werd in 1935 opgericht door Alvar Aalto en andere ontwerpers, en is nu nog steeds wereldberoemd. Het merk geniet een geweldige reputatie. In de stamzetel aan de Zuidelijke Esplanade verkoopt men op twee verdiepingen echte designstukken van Alvar Aalto en zijn atelier, maar je vindt er ook andere klassiekers als de Barcelona Chair van Mies van der Rohe. Goed, tijdloos meubeldesign voor een stevige prijs.
Keskuskatu 1b, www.artek.fi, tram: 1, 2, 3, 4, 6, 10, ma.-vr. 10-19, za. 10-18 uur

Internationaal assortiment

Formverk kaart 2, G 6
Deze succesvolle onderneming werd in 1993 opgericht en vertegenwoordigt ruim dertig ontwerpers, vooral uit Finland, Zweden en Italië. Je vindt er gebruiksmeubilair, tuinmeubels, lampen en geestige accessoires van hoge kwaliteit. Formverks bekendste ontwerper is Kenneth Wikström.
Annankatu 5, www.formverk.com, tram: 3, 6, 10, ma.-vr. 10.30-18, za. 11-15 uur

Alles wat mooi is

Taito Shop Helsky kaart 2, H 5
Deze winkel van de 'vrienden van Helsinki's kunstnijverheid' biedt echt van alles, zoals vazen, tapijten, textiel, glas, keramiek, sauna-inrichting, gebruiksobjecten, industriëel design – steeds van goede kwaliteit en voor redelijke prijzen.
Eteläesplanadi 4, www.taitoetelasuomi.fi, tram: 2, ma.-vr. 10-18, za. 10-16, in de zomer ook zo. 12-16 uur

Breekbaar

Iittala & Arabia Design Centre buiten kaart H 1
Ten noorden van het centrum zijn twee pareltjes van het Fins design een

samenwerking aangegaan: Iittala is sinds 1881 gespecialiseerd in glaswerk, terwijl Arabia zich sinds 1873 richt op fraai porselein (vooral de Moeminkopjes zijn populair bij verzamelaars). In de oude fabriek van Arabia vinden liefhebbers van design niet alleen allerlei fraaie souvenirs, je ziet er ook kunstenaars aan het werk. In het bijbehorende museum kom je uitgebreid in contact met Fins design in aardewerk en glas, terwijl je in het laboratorium ook nog zelf creatief aan de slag kunt gaan.

Hämeentie 135, www.designcentrehelsinki.com, tram: 6/6T, 8, ma.-vr. 10-12, za. 10-18, zo. 10-16 uur; museum: di.-vr. 12-18, wo. tot 20, za.-zo. 10-16 uur, gratis

Decoratieve kunstnijverheid

Aarikka kaart 2, G 5

Sinds 1954 verkoopt Aarikka houten sieraden, mobiles, lampen, kopjes, en souvenirs en decoratieve objecten van hout, staal en edelmetaal. Het assortiment dijt steeds verder uit en Aarikka wordt steeds geliefder. De diverse objecten zijn handgemaakt en vervaardigd uit Finse materialen.

Pohjoisesplanadi 27, www.aarikka.com, tram: 2, 4, 5, 7, ma.-vr. 10-19, za. 10-17 uur

Juwelier met Suomidesign

Kalevala Koru kaart 2, H 5

De bekendste en grootste fabrikant van Finland verkoopt uitsluitend in eigen land ontworpen en geproduceerde sierobjecten van goud, zilver, brons en roestvrij staal – voor hem en haar. De motieven zijn vaak ontleend aan oude sieraden of verwijzen naar de mythen van het nationale epos *Kalevala* in een moderne vorm. In de winkel vind je bovendien bijpassende klederdracht.

Pohjoisesplanadi 25, www.kalevalajewelry.com, tram: 2, 4, 5, 7, ma.-vr. 10-18, za. 10-17 uur

Stijlvol gedragen

Golla Pop Up Store kaart 2, G 5

Mobiele telefoons, laptops, kleine spullen, belangrijk of niet, moet je toch op de een of andere manier met je mee dragen. Als je waarde hecht aan exclusiviteit en stijl, neem je een rugzak, een draagtas of een iPhonecase van het gerenommeerde designbedrijf Golla, dat in het winkelcentrum Kluuvi een kleine, maar verfijnde pop-upstore heeft. Als je bereid bent een iets hogere prijs te betalen, krijg je wel met grote zorg gemaakte en elegante gebruiksobjecten van leer in pasteltinten – het beste Finse design gepaard aan perfecte degelijkheid voor alledag.

Aleksanterinkatu 9, www.golla.com, tram 2, 4, 5, 7, ma.-vr. 10-19, za. 10-17, zo. 10-16 uur

Wereldberoemde modeontwerpster

IvanaHelsinki kaart 2, G 5-6

De jurken van de internationaal bekende modeontwerpster Paola Suhonen zijn ook te koop in haar eigen zaken in Parijs en Londen. In haar Finse geboorteland biedt deze boetiek haar actuele en uiteraard ook wel dure collectie te koop aan.

Uudenmaankatu 15, www.ivanahelsinki.com, tram: 1, 3, 6, 10, ma.-vr. 11-18, za. 11-16 uur

Het Marimekkopatroon Unikko (klaproos) bestaat al vijftig jaar.

Kleurig design

Marimekko kaart 2, G 5

Sinds 1951 is deze toonaangevende Finse textielfabrikant wereldberoemd om zijn bloemdesigns in vrolijke kleuren. Die sieren niet alleen jurken en blouses, maar ook tassen, gordijnen, modeaccessoires, rubberlaarzen, beddengoed en tafellinnen. Behalve in de eigen zaak in Mikonkatu 2 is Marimekko ook vertegenwoordigd in de grote warenhuizen van Helsinki, zoals Stockmann, Forum en Kamppi.

Mikonkatu 2, www.marimekko.fi, tram: 2, 4, 5, 7, ma.-vr. 10-20, za. 10-17, zo. 12-16 uur

Noordse partykoningin

Er was een tijd dat Helsinki 's avonds niet echt een stad vol leven was, maar dat is voorbij. Er is nu een flitsende uitgaanswereld van clubs, kroegen en partygelegenheden. Overal schieten de uitgaansadressen uit de grond, de populaire buurten lossen elkaar geregeld af en zelfs in de grijze arbeiderswijken is het een en al uitgaansleven.

Als je op vrijdag of zaterdag uitgaat, krijg je volop livemuziek te zien en te horen, kun je zelfs tot na 4 uur dansen en leer je met Helsinki een nieuwe Europese partykoningin kennen.

Tot de hotspots van de uitgaanswereld behoort het stationsplein, waar een hoge concentratie (nacht)clubs te vinden is, die je zelfs in meer dan een weekend niet allemaal kunt afwerken. Een paar honderd meter verder westwaarts liggen onder het station Kamppi talloze kunstenaarstenten, alternatieve bars, rockclubs en Ierse pubs heel dicht bij elkaar.

In de Töölöwijk is het publiek wat ouder en zijn de gelegenheden wat degelijker. Iets dergelijks geldt ook voor de Esplanade, waar je een mix van stijlvolle chillout-oases, rustieke pubs en chique nachtclubs vindt. Iets zuidwestelijker, aan de Iso Roobertinkatu (ook wel Isoroba genoemd) kun je terecht voor clubs met wereldmuziek, hybride restaurants, klassieke cafés, jazz- en rocktenten. Verder naar het noorden is de voormalige arbeiderswijk Kallio met talloze cafés, restaurants, bars en clubs het nieuwe en populaire partydistrict voor studenten en hipsters.

In noordse stijl, wat onderkoeld

LEEFTIJDSGRENS

Jongeren krijgen lang niet altijd toegang tot een club. In Helsinki is de toegang, afhankelijk van het soort tent, verboden voor wie jonger is dan 18, 20, 22, 23 of zelfs 24 jaar. Vaak gelden er ook nog weer diverse subregels, zoals minimumleeftijd tot middernacht 22, daarna 24 jaar, of minimumleeftijd voor begane grond 18, de verdieping erboven 21 jaar. De portier (*vahtimestari)* let hier echt heel precies op!

TOEGANG EN PRIJZEN

Meestal is de toegang gratis, maar populaire clubs vragen zo'n € 5. Daar komt de garderobe nog bij (zo'n € 2). Bij de meeste moet je per drankje betalen: met wat geluk krijg je een glas bier (0,4 l) voor minder dan € 4,50, meestal is het € 6. Sterkedrank, longdrinks en cocktails beginnen doorgaans bij € 6,50.

BARS EN KROEGEN

Bij de heilige president
St. Urho's Pub F 4

De dikke bril in het logo van de kroeg en de naam geven het al aan: de schutpatroon van deze pub is Urho Kekkonen, de legendarische president van Finland, die hier om zo te zeggen heilig is verklaard. De 'Urkki' is te vinden tussen het Parlement en het Nationaal Museum en is al sinds 1973 een bekende pub die veel wordt bezocht door bezoekers van de opera, politici en mensen van de pers. Op de lijst staan meer dan honderd biermerken, waaronder diverse Belgische trappistenbieren. En als je een keer iets Fins wilt proberen, vraag dan om een troebele Sahti, het traditionele ongefilterde zelfgebrouwen bier van het land. Op de menukaart staan pubgerechten in de hogere prijsklasse, met burgers, fish-and-chips en pizza.

Museokatu 10, tel. 09 58 07 72 22, www.urhospub.fi, tram: 4, 10, zo.-do. 15-1, vr.-za. 15-3 uur

Voor film- of biljartliefhebbers
Corona Baari & Biljardi
kaart 2, F 5

Deze kroeg werd begonnen door de excentrieke filmmaker Kaurismäki, en de sfeer is er minstens zo eigenzinnig als de personages in zijn films. En vaak komen zulke types ook binnenvallen voor een biertje. Corona is is een rechttoe rechtaan biercafé met een bijbehorende biljartzaal (negen tafels) en een terras. Vanwege de eigenaar komen hier studenten, cineasten, figuren in leren jacks en toeristen, hoewel er eigenlijk niets te zien is. Behalve bier en sterkedrank biedt Corona niet veel meer dan muziek uit de jaren 80 en snacks.

Eerikinkatu 11, www.andorra.fi/corona, metro: Kamppi, ma.-do. 11-2, vr.-za. 11-3, zo. 12-2 uur

Cocktail met film
Riviera H 2

Deze knusse bioscoop met een bijbehorende bar verenigt culinair en cineastisch genot: terwijl op het filmdoek allerlei films worden getoond van het algemeen populaire programma tot klassiekers, kun je er ook uitstekend terecht voor een glas bier of wijn en een paar hapjes.

Harjukatu 2, tel. 050 331 45 08, www.rivierakallio.fi, metro: Sörnäinen, ma.-do. 16-22, vr.-za. 16-2, zo. 16-21 uur

Livemuziek van de besten
Elmun Baari F 6

In deze bar kun je terecht voor bijna alles: een lekkere lunch, zomerterras met uitzicht op de westhaven en een breed entertainmentprogramma met wisselende optredens en dj's. Als je graag danst op goede livemuziek, neem dan beslist een kijkje in de bijbehorende club Nosturi, die een podium biedt voor bekende bands en aanstormend talent uit de hele wereld – van hiphop tot metal. Bovendien kun je hier zeer uiteenlopende culturele evenementen, van jongerendisco tot theater en kunstgalerie, verwachten.

Telakkakatu 8, tel. 094 289 30 06, www.elmunbaari.fi, Tram: 1, 6/6T, 9, ma.-vr. 11-14, di.-do. 19-2, vr.-za. 20-2 uur

Podium voor zangtalenten
Wallis Karaoke Bar J 5

Als het mogelijk is dat de Finnen ergens evenveel van houden als van de sauna, dan komt karaoke in de buurt: op het podium en met een microfoon in de hand laat de Fin het cliché van zwijgzaamheid in de prullenbak verdwijnen. De nummer één in Helsinki is het in 2017 geopende Wallis met een gemoedelijke bakstenen entourage en een terras met geweldig uitzicht op zee. Vrees niet: als je zelf niet zo nodig op het podium hoeft, kun je je in een hoekje terugtrekken en van de sfeer genieten.

Kanavaranta 7 E 22, www.npg.fi/en/restaurants/wallis-karaoke-bar, tram: 4, 5, zo.-vr. 20-3, za. 18-3 uur

Zingen op wc
Restroom G 7

Zingen hoeft niet voorbehouden te blijven aan de douche: dit gebouwtje werd in 1952 opgetrokken als ruimte voor openbare toiletten, maar herbergt nu een eenvoudige karaokebar, zonder een podium en zonder veel luxe, maar daardoor met des te meer charme. Wie dringend behoefte heeft zich de longen uit het lijf te zingen, kan hier terecht. Daarnaast laat de bar ook wel zien dat Finnen een hang naar het wat zonderlinge hebben.

Tehtaankatu 23 A, tel. 096 727 43, www.karaokebar.net/restroom, tram: 1, ma.-za. 18-2 uur

Relaxte kunstenaarskroeg

Musta kissa ✪ G 3

In het hart van Kallio is dit een fijne tent voor wie bij goede muziek wil genieten van bier, wijn of een cocktail, en zo nu en dan een liveoptreden wil bijwonen of deelnemen aan een kunstexpositie of performance (liefst ook experimenteel). De inrichting is rustiek, met de charme van de jaren 70.

Toinen linja 15 (ingang om de hoek, Suonionkatu 1), www.barmustakissa.fi, tram: 3, 9, di.-zo. 17-2 uur

TICKETS EN INFORMATIE

Of het nu gaat om sportevenementen, concerten of andere gelegenheden: bij het **verkooppunt Tiketti** kun je aan de balie toegangskaarten kopen of online bestellen (✪ kaart 2, F 4, Urho Kekkosen katu 4-6, tel. 06 001 16 16, www.tiketti.fi, ma.-vr. 11-19, za. 12-18 uur). Andere ticketaanbieders op internet voor heel Finland zijn www.lippu.fi en www.ticketmaster.fi.

Het beste magazine met informatie over het uitgaans- en culturele leven in de hoofdstad is **Helsinki This Week** (als folder of online op www.helsinkithisweek.com).

Authentiek of cultuurschok?

Zetor ✪ kaart 2, G 5

In een zijstraat van de Mannerheimintie gelegen kroeg met restaurant en nachtclub – al heel lang een cultadres en voor velen een must in Helsinki. Zetor is vernoemd naar een Tsjechische tractorfabriek, en in de rustiek-kitscherige entourage met veel hout, opgezette rendieren en een allegaartje van het Finse platteland staan ook echt tractoren opgesteld. Te midden van alle drukte worden degelijke Finse gerechten als *pyttipanna*, worst, rendiervlees of een grote tractorsteak geserveerd (€ 16-40). Zo nu en dan wordt er 's avonds livemuziek gespeeld en kan er worden gedanst. Verder kun je roulette spelen en souvenirs kopen, onder andere artikelen van de Leningrad Cowboys.

Mannerheimintie 3-5, www.raflaamo.fi/en/helsinki/zetor, tram: 2, 3, 4, 5, 6, 7, 9, zo.-ma. 12-24, di.-za. 12-3/4 uur

Goed, beter, bier

Bryggeri Helsinki ✪ kaart 2, H 5

Voor echt lekker bier kun je terecht in Bryggeri, waar zelfgebrouwen bier wordt geschonken – en dat is ook duidelijk te zien: de koperen brouwketel in het midden van het restaurant trekt als eerste de aandacht. Bij het bier in Duitse stijl wordt steeds rekening gehouden met de Scandinavische keuken: op de menukaart staat bij de gerechten, veelal op basis van seizoens- en streekproducten bereid, meteen een aanbeveling voor het bijpassende bier. Je hebt hier een grote keus uit regionale en Finse bieren. Vooruit dan maar: kippis!

Sofiankatu 2, tel. 010 235 25 05, www.bryggeri.fi, ma.-vr. 11-24, za. 12-24 uur

Pub op rolletjes

SpåraKoff Pub Tram ✪ kaart 2, G 5

De rondrijdende, knalrode kroeg SpåraKoff is wel zeer origineel in zijn combinatie van een sightseeingtour met een bezoek aan een pub. Een nostalgische tram uit 1959 is met veel mahoniehout en messing omgetoverd tot een pub met ruimte voor dertig gasten en rijdt in de zomer rondjes van 45 minuten dwars door de binnenstad van Helsinki (route: Mikonkatu, Hakaniemi, Kallio, Linnanmäki, Mannerheimintie, Aleksanterikatu, Kauppatori, Kruununhaka en Mikonkatu). Men serveert cider, softdrinks en natuurlijk bier, want Koff is een populair merk van de grootste Finse brouwerij Sinebrychoff, die ook de oudste van Scandinavië is (tegenwoordig onderdeel van het Carlsbergconcern). Je kunt lekker zitten, rondkijken en met elkaar proosten – een uniek en misschien wat kort genoegen, want het is jammer dat de rit zo snel afgelopen is.

Mannerheimintie 5, tel. 010 766 40 00, www.virginoil.fi/in-english/sparakoff.html, Spårakoff-Pub-tramtours: mei-half sept. ma.-za. 14, 15, 17, 18, 19 en 20 uur, start bij tramstation Mikonkatu naast het Centraal Station, € 11

Ontegenzeglijk Fins

Villi Wäinö kaart 2, G 5

Het concept van dit restaurant in de binnenstad wijst elk internationaal karakter van de hand. De Finse bijnaam 'Suomalainen Olutravintola' geeft al aan wat hier belangrijk is: dit is een 'Fins bierhuis'. Verder is het ook te zien aan de inrichting (veel hout, motieven van *Kalevala* en uiteraard een sauna), aan de menukaart (stukjes rendiervlees en gerookt elandenvlees) en aan het bierassortiment: de meeste Finse brouwerijen zijn hier vertegenwoordigd. Zelfs de muziek die elke vrijdag en zaterdag door een dj wordt gedraaid en gasten aanmoedigt om te dansen is Fins. Al met al zijn er drie verdiepingen en in de zomer nog een terras.

Kalevankatu 4, tel. 050 357 67 04, www.villiwaino.fi, tram: 1, 3, 6, 10, zo.-do. 14-2, vr. 14-4, za. 12-4 uur

Bar als een huiskamer

Punavuoren Ahven G 6

Ten noorden van Eira in de vroegere arbeiderswijk Punavuori gelegen. Deze tent is bij toeristen minder bekend, maar des te meer bij buurtbewoners, die zich hier thuisvoelen als in een woonkamer. Net als bij veel bars in Helsinki verwijst de naam naar een vis (baars in dit geval). Opvallend is dat er geen muziek wordt gedraaid. De sfeer is misschien juist daardoor uitgelatener en weerspreekt het cliché van zwijgame Finnen. Of zou het aanbod van alcohol daarmee te maken hebben? Er worden veel loka-

Relaxt met een biertje in de hand – in de SpåraKoff Pub Tram

le, maar ook Britse en Duitse bieren geschonken. Verder komen liefhebbers van whisky aan hun trekken: je hebt hier de grootste keus van heel Finland.

Punavuorenkatu 12, www.kalaravintolat.fi, tram: 1, 3, ma.-do. 14-2, vr. 14-3, za. 12-3, zo. 12-24 uur

Gezellig trefpunt van intellectuelen

Marian Helmi kaart 2, H 4

In dit etablissement tegenover de oude universiteit zijn veel studenten, docenten en professoren te gast. Deze kroeg op een hoek van de straat, al sinds de jaren 30 in bedrijf, is de laatste overgebleven tapperij in deze wijk. Tegenwoordig is de kroeg ingericht in warme kleuren, een aangename verlichting en smaakvol meubilair. Men ontmoet elkaar hier na de colleges voor serieuze gesprekken, soms komt er ook een parlementslid of een minister langs. Marian Helmi (Parel van Maria) is vrij klein, maar lijkt door een reusachtige wandspiegel voor het oog veel groter. De ontspannen sfeer is het tegengestelde van de rumoerige karaokebar Pataässä ernaast.

Snellmaninkatu 17, tel. 09 135 66 51, www.marianhelmi.fi, tram: 7, ma.-di. 16-24, wo.-do. 16-2, vr.-za. 16-3 uur

Een echte biertent

Oluthuone Kaisla ✪ kaart 2, G 4
Meer dan tweehonderd bieren staan in het 'bierhuis' Kaisla op de kaart – dat is een nationaal record! Een paar van de 33 tapkranen zijn steevast gereserveerd voor producten van Finse microbrouwerijen. Voor een tussendoortje zijn er diverse snacks beschikbaar, zoals sandwiches, nachos of worst. Afgezien van de grootte valt Kaisla in de categorie 'authentieke bierkroegen', met een warme sfeer en een inrichting met veel hout zonder te zwichten voor modern design. Een voordeel is ook de uiterst centrale ligging nabij het Centraal Station en recht tegenover het metrostation van de universiteit van Helsinki. Dat kan nog handig zijn als je je iets te veel hebt laten meeslepen in het bestuderen van de talloze biersoorten…

Vilhonkatu 4, 2 ingangen: Vilhonkatu, Vuorikatu, tel. 010 766 38 50, www.oluthuone.fi/kaisla, metro: Kaisaniemi, zo.-do. 12-2, vr.-za. 12-3 uur

THEATER, OPERA, CONCERT

Helsinki telt vijftig theaters, van gevestigde grote huizentot kleine avant-gardistische podia, en met danstheaters en zomertheaters. Het belangrijkste theater is het **Nationaal Theater** (Suomen kansallisteatteri, ✪ kaart 2, G 4, www.kansallisteatteri.fi) naast het station, waar het repertoire meestal klassiek is. Wie van opera of ballet houdt, kan zich richten op de **Nationale Opera** (Suomen kansallisooppera, ✪ F 3, www.ooppera baletti.fi). Voor klassieke muziek is Helsinki een gewaardeerde locatie in heel Europa. De grootste concerten worden uitgevoerd in het **Muziekhuis** (Helsingin musiikkitalo, ✪ F 4, www.musiikkitalo.fi) en in het **Finlandiahuis** (Finlandiatalo, ✪ F 4, www.finlandiatalo.fi).

LIVEMUZIEK

Als in Dublin

Molly Malone's ✪ kaart 2, G 5
De groen geverfde gevel van de kroeg geeft al aan dat dit een Ierse pub is. Het is zelfs de oudste Ierse pub van Helsinki, die bovendien geregeld wordt gekozen tot de top vijftig van Europa. Elke avond is er livemuziek en vaak ook stand-upcomedy. De gestage toevoer van Guiness of single-maltwhiskey aan de drie bars zorgt voor een authentieke sfeer. De twee verdiepingen van de pub zitten dikwijls propvol.

Kaisaniemenkatu 1C, www.mollymalones.fi, tram: 3, 5, 6, 7, 9, metro: Helsingin Yliopisto, dag. 12-4 uur

Jazzclub, restaurant en streetbar

Storyville ✪ kaart 2, F 4
Al jarenlang staat deze tent bekend als een van de beste jazzclubs in de hele wereld. In een voormalige kolenkelder treden minstens viermaal per week allerlei jazz- en bluesbands op, met muziek die reikt van traditioneel tot cool en modern. Je kunt hier een verdieping hoger goed en niet al te duur eten (onder andere ambitieuze cajun- en Creoolse gerechten), en bij mooi weer kun je buiten op een van de gezelligste terrassen van de stad zitten en genieten van grillgerechten of koele *lapinkulta* van de streetbar.

Museokatu 8, www.storyville.fi, tram: 4, 10, di. 19-2, wo.-do. 19-3, vr. 17-4, za. 19-4 uur

Wild en luid

Tavastia en Semifinal
✪ kaart 2, F 5
De legende leeft voort: Tavastia is in 1970 opgericht en is dé rockclub van het land. Het is niet alleen voor Finse musici een eer om hier te mogen spelen. Er is dan ook bijna elke avond livemuziek te horen van bekende Finse of buitenlandse bands – meestal gaat het er vrij wild en luid aan toe. Ernaast staat Semifinal, dat een kleine broer lijkt; hier kunnen nieuwkomers meestal hun sporen verdienen, om dan later ooit

in Tavastia te mogen spelen (ze hebben dezelfde openingstijden en website).
Urho Kekkosenkatu 4-6, www.tavastiaklubi.fi, metro: Kamppi, zo.-do. 20-1, vr.-za. 21-4 uur

Hardrock
On the Rocks kaart 2, G 4
Het is maar goed dat deze tent naast het Centraal Station staat, want deze buur zal niet zo gauw klagen over lawaai. Al ruim vijftien jaar geven hardrockbands in deze kelderrockclub per week minstens vier liveoptredens. Een verdieping hoger en op het terras of bij de streetbar vind je stand-upcomedy en jamavonden. De party's van vrijdag- en zaterdagavond zijn legendarisch. De club is zich zeker ook bewust van de eigen positie, getuige de welkomstgroet: *Helsinki is the rocking capital of Europe and right in the center there's On the Rocks. Welcome!*
Mikonkatu 15, tel. 040 063 09 60, www.rocks.fi, tram: 2, 5, dag. 16-4 uur

ZIN IN EEN FILM?

Finnkino (www.finnkino.fi, tel. 600 007 007) runt vijftien bioscopen in elf Finse steden, in Helsinki zijn het er drie: **Kinopalatsi** (kaart 2, G 4, Kaisaniemenkatu 2), **Tennispalatsi** (kaart 2, F 5, Salomonkatu 15) en **Maxim** (G 5, Kluuvikatu 1). Hier draaien internationale blockbusters. Maxim is de oudste bioscoop van Finland en is na renovatie in 2018 heropend.
Orion: kaart 2, F 5, Eerikinkatu 15, tel. 029 533 81 31, www.kavi.fi. Deze art-decobioscoop van het Nationale Audiovisuele Instituut toont cineastische juweeltjes, vaak in een thematische reeks.
Engel: H 5, Sofiankatu 4, tel. 0201 55 58 01, www.kinoengel.fi. Kwaliteitsfilms aan het Senaatsplein, in de zomer ook buiten op de binnenplaats.

DANSEN

Drie bij elkaar
Kaiku H 3
Laat je niet misleiden door de haveloze buitenkant van het oude fabrieksterrein: de technoclub in de hippe wijk Kallio geniet een internationale cultstatus! En als je even wat anders wilt, kun je vlakbij terecht in de legendarische undergroundclub Kuudes Linja (www.kuudeslinja.com) en in Siltanen (in restaurant Onda, ► blz. 97).
Hämeentie 13/Kaikukatu 4, www.clubkaiku.fi, tel. 045 111 14 66, tram: 6/6T, 7, wo.-za. 10-4 uur

Dansen op het dak
G Lounge Skybar & Club
kaart 2, G 5
Op de achtste verdieping van het Forum Shopping-Center, hoog boven de stad, komt een jong, stedelijk mondain publiek bij elkaar en maakt de nacht tot dag. Deze zeer nieuwe locatie, die per lift te bereiken is, overtuigt met een moderne en hippe sfeer. Naast cocktails en wijn drinkt men ook heel graag champagne. Het mooist is het zonterras op het dak met een gaaf uitzicht. Het wordt echter niet gebruikt om te zonnen, maar om te dansen op de mainstream-muziek die dj's draaien.
Simonkatu 8, tel. 020 712 98 90, www.glounge.fi, tram: 1, 2, 4, 7, 9, 10, wo.-do. 16-2, vr. 16-4, za. 14-4, zo. 14-2 uur

De gay-klassieker van het noorden
DTM Gay Bar & Night Club
kaart 2, G 5
Ook na de verhuizing naar de Mannerheimintie blijft DTM (Don't Tell Mama) de grootste nachtclub voor homo's in Scandinavië. Overigens partyen hetero's hier ook graag. Twee grote dansvloeren liggen klaar voor de gasten, met verder drie bars, waaronder de Cougar Bar met een uniek design. Via grote ramen heb je een panoramisch uitzicht over het verdere uitgaansleven in de Mannerheimintie. De sfeer is hier interessant genoeg om te blijven.
Mannerheimintie 6 B, tel. 050 327 01 76, www.dtm.fi/en, tram: 1, 3, 6, 6T, 10, wo.-zo. 21-4 uur

Reisinformatie

AANKOMST

Op Airport Helsinki-Vantaa
De luchthaven van de Finse hoofdstad ligt ongeveer 20 km ten noorden van het centrum. Vanaf Amsterdam en Brussel vertrekken verschillende keren per dag vluchten naar Airport Helsinki-Vantaa. Luchthavenbus: bus 615 (Lentoasema-Rautatientori) rijdt in 45 minuten volgens een vaste dienstregeling tussen de luchthaven en het Centraal Station. Sinds 2016 kun je ook per trein om de 10 minuten in een halfuur in het centrum komen met de nieuwe Ring Rail Line. Deze lijn beschrijft een grote cirkel, zodat het eigenlijk niet uitmaakt of je de P-trein (Helsinki, Tikkurila, luchthaven, Myyrmäki, Helsinki) of de I-trein in de omgekeerde richting neemt. De roltrappen naar het spoorwegstation van de luchthaven vind je in de corridor tussen de terminals. Kaartjes (voor de trein of de bus) zijn verkrijgbaar bij de R-kioski of de HSL-kaartjesautomaten. Een regionaal kaartje Vantaa-Helsinki kost € 5. Iets duurder (€ 6,30) is de rit met de Finnair City Bus, die van 5 tot 1 uur ongeveer om de 20 minuten vertrekt en met slechts één tussenstop bij het Hespariapark naar het Centraal Station rijdt. Ook taxi's zijn ruimschoots voorhanden; het traject naar het centrum van Helsinki kost ongeveer € 40-45. Goedkoper is een groepstaxi, die voor vaste prijzen naar bepaalde hotels rijdt (zo'n € 28, www.airporttaxi.fi).

HELSINKI CARD

Als je de Finse hoofdstad intensief wilt leren kennen, kun je op de kosten besparen met de Helsinki Card (www.helsinkicard. com). Deze kost € 48 voor 24 uur, € 58 voor 48 uur of € 68 voor 72 uur, en geldt voor de hele regio Helsinki; met Espoo en Vantaa erbij € 4-6 meer. Verkooppunten zijn onder andere het toeristenbureau, reisbureaus en grote hotels. Je kunt dan gratis reizen in het stadsgebied met trein, bus, tram, metro en de Suomenlinna-veerboot, en je hebt toegang tot zo'n dertig bezienswaardigheden en korting in nog twintig meer, gratis sightseeingtours en andere kortingen, zoals 10-20% korting in bepaalde restaurants. Als je niet van plan bent musea te bezoeken, ben je overigens goedkoper uit met een dagkaart van het vervoersbedrijf HSL (€ 9 voor 24 uur, € 13,50 voor 48 uur, ► blz. 112).

VEILIGHEID EN NOODGEVALLEN

Finland is een uiterst veilig land voor toeristen: de misdaadcijfers liggen hier beduidend lager dan in vrijwel alle andere landen van Europa. Wat voor het hele land geldt, geldt ook voor Helsinki. Waakzaamheid is vooral geboden bij een excursie naar Tallinn of St.-Petersburg, want daar is het met de veiligheid aanzienlijk slechter gesteld. Het politiebureau is buiten het centrum gevestigd in Pasila (Pasilanraitio 11). Bel bij vermissing of diefstal van je pinpas of creditcard zo snel mogelijk het internationale nummer van je bank. Of blokkeer via tel. 0031 (0)30 283 53 72, zie ook www. pasblokkeren. nl, of tel. 0032 (0)70 34 43 44, zie ook www.cardstop.be.

Belangrijke telefoonnummers
Europees alarmnummer: tel. 112
Politie in Helsinki: tel. 0295 47 00 11
Medisch noodgeval: tel. 09 31 01 00 23 (24 uur per dag)
Medische noodhulp: bij een medisch noodgeval kunnen buitenlanders het best hulp zoeken in de Universiteitskliniek in het Haartman Hospital (Haartmaninkatu 4, tel. 09 31 06 32 31). Ook bij de artsenpost Terveystalo Kamppi (Jaakonkatu 3, tel. 030 60 00) is meestal personeel aan-

Het winterse Helsinki heeft beslist zijn charme, maar fietsen hoort daar in dit seizoen niet bij.

wezig dat Engels spreekt. In minder acute gevallen kun je naar het dichtstbijzijnde medisch centrum *(terveysasema)* gaan.

DIPLOMATIEKE VERTEGENWOORDIGING

Nederlandse ambassade: Erottajankatu 19B, 00130 Helsinki, tel. 09 22 89 20, hel@minbuza.nl
Belgische ambassade: Kalliolinnantie 5, 00140 Helsinki, tel. 09 17 04 12, www.finland.diplomatie.belgium.be/nl

TOERISTENINFORMATIE

Toeristenbureau: in de grote hal van het Centraal Station, Kaivokatu 1, tel. 09 31 01 33 00, www.myhelsinki.fi, ma.-vr. 9-18 (juni-half sept. tot 19), za.-zo. en feestdagen 10-17 uur; in de zomer een informatiepunt op het Marktplein; dependance in de aankomsthal van de luchthaven, okt-apr. ma.-za. 10-18, zo. 12-18, mei-sept. dag. 10-20 uur.

WEBSITES

www.myhelsinki.fi: alle belangrijke informatie van het toeristenbureau
www.visitfinland.com: brochures en andere informatie over het hele land
www.hel.fi: website van de stad
www.helsinkithisweek.com: activiteitenagenda voor Helsinki
www.yle.fi/uutiset/news/: het actuele nieuws van Finland in het Engels
www.finland.fi: alles wat je graag wilt weten over Finland

OPENBAAR VERVOER

Voor een verblijf in Helsinki heb je geen auto nodig – alle interessante bezienswaardigheden, wijken en uitstapjes kun je gemakkelijk af met het openbaar vervoer; gebruik daarom het uitstekende vervoersnet voor de regio, met daarbij de goedkope citybikes. Op www.hel.fi/Helsinki/en/maps-and-transport vind je nuttige informatie over alle vervoersmiddelen in het Engels. Als je toch met de auto naar Helsinki komt, kun je hem aan de rand van de stad parkeren en vervolgens het openbaar vervoer gebruiken om tijd en kosten te besparen (zoek op 'Park and Ride').

... met openbare vervoersmiddelen
Helsinki beschikt over een uitgebreid netwerk van bus, tram, metro en een

stedelijke veerboot naar Suomenlinna. De hoofdstedelijke metro is de noordelijkste metro ter wereld en ook de enige van Finland.
Het hele netwerk wordt gerund door het stedelijk vervoersbedrijf HSL (Engelstalige website met uitvoerige informatie over trajecten en tarieven: www.hsl.fi/en, tel. 09 47 66 40 00). De **tarieven** hangen samen met de gereisde afstand – drie zones in de agglomeratie Helsinki – en met verschillende varianten van de **kaartjes**: een kaartje enkele reis voor bus, trein, tram en metro in de binnenstad koop je voor € 2,90 bij de blauwe ticketautomaten of per SMS ('A 1' naar nummer 16355). Via de HSL-app kost een kaartje slechts € 2,20, bij de buschauffeur € 3,20. Het veerkaartje van/naar Suomenlinna kost € 5 en is 12 uur lang geldig.
Als je veel gebruik gaat maken van het openbaar vervoer in de regio, kun je beter een dagkaart kopen, die voor tot wel 7 dagen verkrijgbaar zijn bij de automaten, bij de verkooppunten van het vervoersbedrijf (bijvoorbeeld bij Centraal Station, metrostations, busstation) en de R-kiosken; voor 1 dag ook bij de buschauffeur.
Met een **dagkaart** (€ 9) kun je 24 uur lang gebruikmaken van alle openbare vervoersmiddelen in de stad inclusief de Suomenlinna-veerboot (€ 13,50 per 2 dagen, € 18 per 3 dagen). Deze goedkope manier van reizen is er ook voor de **regiokaart**, waarmee je tevens naar en in de buurgemeenten Espoo, Kauniainen, Vantaa, Kerava, Sipoo en Kirkkonummi kunt reizen (€ 14 per dag, € 21 per 2 dagen, € 28 per 3 dagen). Met de **Helsinki Card** kun je van alle openbare vervoersmiddelen in de regio gebruikmaken.
Het belangrijkste verkeersknooppunt is busterminal Kamppi, dat onder de grond dicht bij het Centraal Station aan de overkant van de Mannerheimintie ligt. Op het E-niveau vertrekken de bussen naar Espoo, op het K-niveau de langeafstandsbussen naar heel Finland (zie www.matkahuolto.fi).
Let op: er wordt regelmatig gecontroleerd, en toeristen zonder kaartje krijgen geen soepelere behandeling. De boete is € 80 plus de ritprijs.

... met de fiets

In vergelijking met Stockholm en vooral Kopenhagen liep Helsinki achteraan wat betreft de aanleg van een netwerk

NEEM DE TRAM!

Nu Helsinki nog steeds geen afscheid heeft genomen van zijn sympathieke, ouderwetse tram, is het wel aardig om er ook een keer gebruik van te maken. Een extra argument is dat je met de tram echt snel en comfortabel bij alle belangrijke bezienswaardigheden kunt komen. De groene wagons rijden met korte tussentijden, ze zijn sneller dan de bussen over hetzelfde traject, de grote ramen zijn geweldig voor sightseeing, en je reist samen met een representatieve doorsnede van de bevolking van Helsinki. Bovendien zijn enkele trajecten zo ingericht dat je een tochtje voor sightseeing of volgens een bepaald thema kunt maken zonder overstappen. Dat geldt zeker voor de grote lussen van lijn 2 en 3, die als 'klassieke sightseeingtour' zijn te beschouwen. Ook heel toeristvriendelijk: veel lijnen dragen een toeristische bijnaam (tramroute 4: Architectural Tour; tramroute 6: Design and Culinary Tour). En voor € 9 heb je al een dagkaart (enkele reis € 2,50). Zo kun je Helsinki zelf met de tram ontdekken en laat je de dure sightseeingtours zitten. Wie van historie houdt, kan in de zomer vanaf het Markplein een rit van 20 minuten maken in de 'Vintage Tram' (kaartje € 6, informatie op www.stadinratikat.fi). En wie ondertussen iets wil drinken, kan de SpåraKoff Pub Tram nemen (▶ blz. 106).

van fietspaden. Ook hier heeft de stad een inhaalslag gemaakt met 1200 km aan fietspaden. Het is nu een genot om de eilanden en baaien op de fiets te verkennen. Fietsverhuurders zijn op veel plaatsen te vinden, terwijl diverse accommodaties hun gasten van huurfietsen kunnen voorzien. Bovendien heeft de binnenstad ongeveer 150 stations waar 1500 knalgele citybikes ter beschikking staan, die als onderdeel van het openbaar vervoer worden beschouwd. Voor het gebruik moet je je eerst registreren op www.hsl.fi/en/citybikes (menu in het Engels) en de gewenste duur betalen (bijvoorbeeld € 5 per dag, € 10 per week); je krijgt dan een PIN-nummer waarmee je de fietsen kunt huren en weer afgeven bij een station. De fiets mag maximaal 30 minuten onafgebroken gebruikt worden, anders geldt een toeslag (van € 1 per uur tot € 9 per 5 uur). Op een online-kaart is te zien op welk nabijgelegen station een citybike beschikbaar is (www.hsl.fi/en/citybikes/stations/).

... met waterbus of excursieboot

Buiten de goedkopere stedelijke veerboot naar Suomenlinna vertrekken de hele zomer met korte tussenpozen excursieboten en waterbussen *(vesibussi)* naarh bijvoorbeeld Suomenlinna, de dierentuin, Tapiola, de scheren en naar verder verwijderde bestemmingen, zoals Loviisa, Porvoo, Tammisaari en Hanko. De meeste boten leggen aan bij het Kauppatori, maar er zijn nog veel meer verbindingen beschikbaar vanaf de aanlegsteigers bij Ruoholahti (nabij de Oude Nokiakabelfabriek Kaapelitehdas), Kaivopuisto en Eira (nabij Café Carusel en Café Ursula), bij de Olympiakade en bij het Hakaniementori.

... met de sightseeingbus

Diverse busrondritten worden het hele jaar aangeboden door Strömma (www.stromma.fi/en/helsinki), onder andere de Audio City Tour. De tochten duren bijna twee uur, kosten € 32 en starten in de zomer 2 x per dag in de Fabiankatu tegenover het oude toeristenbureau aan de Esplanade. Van half mei tot half sept. zijn er Helsinki-rondritten met een rode dubeldekker met open dak van het bedrijf City Tours (tel. 0207 11 83 38, www.citytour.fi). Ze beginnen tussen 10 en 16 uur ongeveer om de 20 minuten op het Senaatsplein en duren zo'n 90 minuten, waarbij je volgens het hop-on-hop-off-principe op 20 haltes kunt in- of uitstappen – het kaartje is 24 uur geldig (€ 30, kaartje bij de bus of het toeristenbureau). Voor € 39 kun je ook een combikaartje kopen, waarbij je tevens een sightseeing-boottocht van 1,5 uur met Royal Line kunt maken. Voor € 41 koop je een **City Pass** (48 uur) met aanvullend ook nog veerboottocht naar Suomenlinna, een bezoek aan het Ehrensvärdmuseum, een avondrondvaart en een aantal kortingen.

MET DE BOOT

Rondvaarten bieden een overzicht van de stedelijke eilandenwereld. In het stadsgebied liggen 315 eilanden, en daarbij zijn alleen de redelijk grote meegeteld. De excursieboten vertrekken meestal bij het Marktplein, en je hebt een grote keus uit speedboot, zeilboot, historische raderboot en moderne excursieboot, tochten van 1 uur of een hele dag. Heel interessant is de kanaaltour van Strömma (www.stromma.fi). Deze tochten kunnen naar Porvoo in het oosten of Hanko in het westen gaan, maar eerst is het wel genoeg om de nabije omgeving van Helsinki te bekijken. Ook de lunch- en dinerboottochten zijn erg populair. Een eerste indruk hiervan krijg je al op de veerboot naar Suomenlinna en het dierentuineiland Korkeasaari. En als je liever zelfstandig wilt blijven, kun je met de watertaxi vanaf de Oude Markthal een individuele sightseeingtour maken. Bootrondvaarten kosten vanaf € 23 per persoon, meer informatie op www.royalline.fi.

Hoe zegt u?

yksi, kaksi, kolme

een, twee, drie

kyllä

ja

EI

nee

ole hyvä

alsjeblieft

kiitos

dankjewel

kippis

proost

MOI

hallo

Kahvihammastani pakottaa.

(letterlijk: mijn koffietand doet pijn)
Ik ben toe aan koffie.

käydä saunassa

naar de sauna gaan

Sauna köyhän apteekki

de sauna is de apotheek van de armen

LISÄTÄ LÖYLYÄ

(letterlijk: voor meer stoom in de sauna zorgen)
olie op het vuur gooien

Paklijst

> DATUM

....

> AANTAL DAGEN

....

> HET WEER

WARM KOUD NAT

> BASISUITRUSTING

- ANWB EXTRA
- PASPOORT/ID-KAART
- TICKETS & VISUM
- RIJBEWIJS
- BANKPASSEN
- MEDICIJNEN
- VERZEKERINGEN
- HOTELADRES

C CHECK

> TOILETARTIKELEN

> KLEDING

> DIVERSEN

> ELEKTRONICA

Mijn tripplanner

DAG 1

Blz ...... MUST SEE ....
Blz ....
Blz ....
Blz ....
Blz ....
Blz ....
Blz ...... ETEN EN DRINKEN ....
Blz ....

DAG 2

Blz ...... MUST SEE ....
Blz ....
Blz ....
Blz ....
Blz ....
Blz ....
Blz ...... ETEN EN DRINKEN ....
Blz ....

DAG 3

Blz ...... MUST SEE ....
Blz ....
Blz ....
Blz ....
Blz ....
Blz ....
Blz ...... ETEN EN DRINKEN ....
Blz ....

DAG 4

Blz ...... MUST SEE ....
Blz ....
Blz ....
Blz ....
Blz ....
Blz ....
Blz ...... ETEN EN DRINKEN ....
Blz ....

MUST SEE .... Blz ......
.... Blz ......
.... Blz ......
.... Blz ......
.... Blz ......
.... Blz ......
ETEN EN DRINKEN .... Blz ......
.... Blz ......

DAG 5

MUST SEE .... Blz ......
.... Blz ......
.... Blz ......
.... Blz ......
.... Blz ......
.... Blz ......
ETEN EN DRINKEN .... Blz ......
.... Blz ......

DAG 6

MUST SEE .... Blz ......
.... Blz ......
.... Blz ......
.... Blz ......
.... Blz ......
.... Blz ......
ETEN EN DRINKEN .... Blz ......
.... Blz ......

DAG 7

.... Blz ......
.... Blz ......
.... Blz ......
.... Blz ......
.... Blz ......
.... Blz ......
.... Blz ......
.... Blz ......

E EXTRA

Notities

T
TIPS

Favoriete plekken – **review**

> OVERNACHTEN

ACCOMMODATIE ► ....

ADRES/BLADZIJDE ....

PRIJS € €€ €€€

NOTITIE ....

....

> ETEN EN DRINKEN ....

RESTAURANT ► ....

ADRES/BLADZIJDE ....

PRIJS € €€ €€€ CIJFER

VOORGERECHT ....

HOOFDGERECHT ....

NAGERECHT ....

NOTITIE ....

....

RESTAURANT ► ....

ADRES/BLADZIJDE ....

PRIJS € €€ €€€ CIJFER

VOORGERECHT ....

HOOFDGERECHT ....

NAGERECHT ....

NOTITIE ....

....

RESTAURANT ► ....

ADRES/BLADZIJDE ....

PRIJS € €€ €€€ CIJFER

VOORGERECHT ....

HOOFDGERECHT ....

NAGERECHT ....

NOTITIE ....

....

....

> WINKELEN

WINKEL ► ....

ADRES/BLADZIJDE ....

NOTITIE ....

....

WINKEL ► ....

ADRES/BLADZIJDE ....

NOTITIE ....

....

> UITGAAN

GELEGENHEID ► ....

ADRES/BLADZIJDE ....

NOTITIE ....

....

GELEGENHEID ► ....

ADRES/BLADZIJDE ....

NOTITIE ....

....

> EXTRA

EXTRA ► ....

ADRES/BLADZIJDE ....

NOTITIE ....

....

EXTRA ► ....

ADRES/BLADZIJDE ....

NOTITIE ....

....

EXTRA ► ....

ADRES/BLADZIJDE ....

NOTITIE ....

....

....

Fotoverantwoording

Petri Artturi Asikainen, Helsinki: blz.111
Franz Marc Frei, München: blz.4 b, 23, 33
Getty Images, München: blz.93 (AWL Images RM); 103 (Bloomberg); 128/4 (Hale); 107 (Lonely Planet Images/Leue); 43 (Moment); 8/9 (Urguijo)
iStock.com, Calgary (Canada): omslag (bluejayphoto); blz.128/5 (Savvateeva)
laif, Köln: blz.128/6 (Gamma-Rapho); 27, 37 (hemis.fr/Guiziou); 46 (Madame Figaro/Holden); binnenflap achter, 16/17 (Multhaupt); 12/13, 20, 39, 62, 66, 70 (Theis)
Look, München: blz.42 (age fotostock); 44 (SagaPhoto)
Mauritius Images, Mittenwald: blz.21 (age/Grund); 98, 101 (Alamy/Dafos); 68 (Alamy/FinPics); 29 (Alamy/Liukkonen); 35 (Alamy/marinuse – People); 36 (Alamy/Reboredo); 49 (Alamy/villorejo); 7 (Folio Images RF/Nystrand); 40 (Folio Images RF/Strandström); 128/7 (United Archives); 56 (Walker)
picture-alliance, Frankfurt a. M.: blz.128/1 (Lehtikuva/Loppinen); 128/2 (Mäntylä); 128/3 (Marstio); 128/8 (Moilanen); 128/9 (Saukkomaa); 14/15 (The Photo Collector)
Ulrich Quack, Mönchengladbach: blz.32, 50, 83
© Visit Helsinki, Helsinki (Finland): blz.28 (Arabia); 90 (Bell); 51, 75 (Comma Image Oy); 25, 47, 53, 65, 73, 74, 80, 85, 104 (Hellsten); 58 (Helsinki City Photo Competition at Flickr.com/paho47); 61 (Helsinki City Photo Competition at Flickr.com/sashapo); 78/79 (Heureka); 89 (Hotel F6); 54 (Jämsä); 4 o (Kuva); 59 (Rotko); 71 (Saurasaari Foundation's Collection); 77 (Sjöblom); 102 (Somerma); 64 (Williams); 24, 86
Tekeningen blz.2, 11, 22, 48, 55, 67 : Gerald Konopik, Fürstenfeldbruck
Tekeningen blz.5: Antonia Selzer, Stuttgart

Hulp gevraagd!
De informatie in deze reisgids is aan verandering onderhevig. Het kan dus wel eens gebeuren dat je ter plaatse een andere situatie aantreft dan de auteur.
Is de tekst niet meer helemaal correct, laat ons dat dan even weten.

Ons adres is:
Uitgeverij ANWB
Redactie KBG
Postbus 93200
2509 BA Den Haag
anwbmedia@anwb.nl

Productie: Uitgeverij ANWB
Coördinatie: Els Andriesse
Tekst: Ulrich Quack, Judith Rixen
Vertaling: Albert Witteveen
Eindredactie: Willemien Werkman
Opmaak omslag: Atelier van Wageningen
Opmaak: Hubert Bredt
Opmaak notitiepagina's: Studio 026
Concept: DuMont Reiseverlag
Grafisch concept: Eggers+Diaper
Cartografie: DuMont Reisekartografie

Eerste druk
ISBN: 978-90-18-04438-1

Herinner je je deze nog?

9 van 635.181 Helsinkiërs

Tove Jansson

De Fins-Zweedse was een echt multitalent: moeder van de knuffelige Moemins, schrijfster, illustratice, stripauteur en begenadigd schilderes. Sinds 2016 is haar werk permanent te zien in het HAM.

Linus Torvalds

De Fins-Amerikaanse informaticus liet de wereld zien wat er in de koude, donkere winters in Helsinki kan ontstaan: hij ontwikkelde een nieuw gratis systeem voor computers dat Linux heet.

Sofi Oksanen

De Fins-Estse schrijfster en feministe is voor de literaire wereld wat haar eigen wijk Kallio voor Helsinki is: multicultureel, een beetje bijzonder en zeer sterk in opkomst.

Ville Hermanni Valo

Love Metal noemen de jongens van His Infernal Majesty (HIM) hun muziek en Ville Valo uit de wijk Vallila in Helsinki is hun zanger, songwriter en multi-instrumentalist. Zacht kan hij ook, getuige 'Summer Wine'.

Havis Amanda

De bronzen dame belichaamt met haar vrouwelijke rondingen en een rijzige gestalte van 5 m als 'dochter van de Oostzee' die aan het water ontstijgt, de ziel van de stad.

Paavo Nurmi

Hij rende en rende en behaalde negen gouden medailles op de Olympische Spelen – een wereldrecord! Naakt, zoals het bronzen beeld voor het Olympisch Stadion suggereert, deed hij dat beslist niet.

Urho Kaleva Kekkonen

De 'kale kop met bril' bedreef een kwart eeuw wereldpolitiek in de sauna en wordt door veel Finnen nog steeds vereerd om zijn verdiensten voor Finland.

Tarja Turunen

De duistere kant van de Finse ziel drukt zich uit in metal. Turunen zingt met een bereik van bijna drie octaven, tot 2005 deed ze dat bij de band Nightwish.

Arto Paasilinna

Paasilinna's boeken (zoals *De zelfmoordclub*) doen zonderling aan en zitten vol zwarte humor. Sommige Finnen zijn net zo eigenzinnig als de personages in het boek.